PLANS RAISONNÉS

DE

TOUTES LES ESPÈCES DE JARDINS.

PLANS RAISONNÉS

DE

TOUTES LES ESPÈCES DE JARDINS,

Par Gabriel THOUIN,

CULTIVATEUR ET ARCHITECTE DE JARDINS.

> O fortunatos nimium, sua si bona nerint agricolas !
> VIRGILE.
>
> Heureux le laboureur, trop heureux s'il sait l'être !
> DELILLE.

L'OUVRAGE SE VEND A PARIS,

CHEZ

- L'AUTEUR, rue du Jardin-du-Roi, n° 8 ;
- VILQUIN, Marchand d'estampes, Palais-Royal, grande cour, n° 20 ;
- TREUTTEL et WURTZ, Libraires, rue de Bourbon, n° 17 ;
- PÉLICIER, Libraire, Palais-Royal, première cour, n°s 7 et 8 ;
- VALLARDI, Marchand d'estampes, boulevard Poissonnière, n° 5 ;
- SALMON, Marchand d'estampes, boulevard Montmartre, n° 1 ;
- C. PIQUET, Géographe, quai Conti, n° 17 ;
- GŒURY, Libraire, quai des Augustins, n° 41.

DE L'IMPRIMERIE DE LEBÉGUE, RUE DES RATS, N° 14.

1820.

A MONSIEUR

ANDRÉ THOUIN,

PROFESSEUR-ADMINISTRATEUR DU MUSÉUM D'HISTOIRE NATURELLE AU JARDIN DU ROI, CHEVALIER DE L'ORDRE ROYAL DE LA LÉGION D'HONNEUR, MEMBRE DE L'ACADÉMIE ROYALE DES SCIENCES, ET DE PLUSIEURS SOCIETÉS SAVANTES.

Mon cher Frère,

Votre amitié pour nous, vos vertus, vos talens, votre attachement pour vos bienfaits, me font un devoir de vous prier d'agréer la dédicace de cet Ouvrage. Il ne peut paraître sous de plus heureux auspices. Je désire que vous trouviez dans cet hommage la preuve de la reconnaissance et de la vénération de

Votre affectionné et respectueux frère,

G. THOUIN.

PRÉFACE.

Pour mettre le Public à portée de connaître la nature et l'étendue de l'ouvrage que nous nous proposons de publier, nous allons exposer rapidement quelques vues générales, et les principaux caractères propres et particuliers aux différens Jardins.

On peut diviser les Jardins en quatre sections principales, en raison de leurs divers usages.

La première comprend les Jardins économiques ou légumiers, à commencer par ce qu'on appelle *marais*, près des grandes villes, jusqu'à ceux que l'on nomme *potagers*, et qui accompagnent presque toujours les grands Jardins de plaisance.

La deuxième se compose des Jardins fruitiers ou *vergers*, dans lesquels les arbres sont, ou abandonnés à leur croissance naturelle, ou soumis à l'art de la taille.

La troisième renferme les Jardins de botanique destinés à la culture des séries plus ou moins nombreuses de plantes propres à l'étude de cette science, ou employées dans la pharmacie et la médecine.

Dans la quatrième enfin, se trouvent les Jardins d'agrément ou de plaisance, dont le nombre varie à l'infini, suivant les localités, la nature du sol, la situation et le climat.

Ces Jardins doivent être divisés eux-mêmes en trois séries principales, savoir :

1°. Les Jardins symétriques, à la composition desquels procèdent la règle et le compas, et que l'on exécute au moyen de la toise, des jalons et du cordeau ;

2°. Les Jardins chinois, anglais ou de genre irrégulier, qui n'ont pour principes que le caprice ou la fantaisie de leurs constructeurs et les facultés de leurs propriétaires ;

3°. Les Jardins des paysages, paysagistes, paysagers ou de la nature (noms que l'on donne dans les divers ouvrages qui en traitent spécialement.

Les Jardins symétriques n'admettent dans leur composition que des formes régulières, et des surfaces plus ou moins planes dans leurs parties ou même dans leur ensemble. Tels sont les Jardins du Palais-Royal, du Luxembourg, des Tuileries, de Versailles. L'architecte Lenotre, au commencement du siècle dernier, a fourni les plus beaux modèles en ce genre.

Les Jardins de la deuxième série offrent, dans un espace très-rétréci, toutes sortes de formes fantastiques, en même temps que les diverses productions des arts et les fabriques de toutes espèces, amoncelées sans nécessité comme sans rapports entre elles. Tels étaient les Jardins de Mouceaux et de Chavilles ; tels sont encore une grande partie de ceux qui ont été exécutés à Paris, dans les temps modernes.

Enfin le caractère de la troisième et dernière série des Jardins d'agrément est d'imiter les plus belles scènes de la Nature, en faisant disparaître l'art qui a servi à les établir. Ceux d'Ermenonville, de Guiscard, de Méréville, de Trianon, de Jambeville, de Moulin-Joli, construits par Watelet, de l'Académie française, Girardin, Morel, Belanger, MM. Lecourbe, Blaikié, etc., offraient ou présentent encore de beaux exemples de cette série de Jardins, chantés avec tant de grâces par Delille, dans son poëme des Jardins.

Ceux-ci ne doivent pas être confondus avec les Jardins qu'on nomme communément chinois ou anglais, puisque c'est la Nature qui a fourni leur modèle, et que les principes, d'après lesquels ils sont établis, ont été posés en France, dès le commencement du siècle dernier, par Dufreny. Cet architecte a donné un beau modèle de cette construction sur un terrain qui lui appartenait, dans le faubourg Saint-Antoine, à Paris : de plus, les plans qu'il présenta à Louis XIV des vastes Jardins de Versailles, de Meudon et de Saint-Germain-en-Laye, dont quelques-uns ont été gravés, suffisent pour lui assurer l'antériorité sur ses concurrens en ce genre.

Cette série des Jardins paysagistes ou de la Nature offre cinq sections différentes, qui comprennent les Jardins *champêtres*, *sylvestres*, *pastoraux*, *romantiques*, et les *parcs ou carrières*. Ces noms leur ont été donnés en raison des caractères qui les distinguent dans leur ensemble, et dont nous tracerons ici une légère esquisse.

Un sol plane ou peu tourmenté, des prairies, des terres labourables, des cultures économiques, des vergers agrestes, des bouquets de bois, des masses fleuries, une culture soignée, des eaux vives, des fabriques agricoles et des vues ménagées sur tout le pays environnant avec lequel ils paraissent se confondre, constituent les Jardins du style *champêtre*.

On donne le nom de *sylvestres* à ceux dont le sol âpre et tourmenté présente des rochers, des chutes d'eau, des forêts d'arbres estivaux et résineux, des clairières tapissées de gazon et émaillées de fleurs des diverses saisons; des fabriques appropriées au site, des chaumières agrestes de bûcherons et de charbonniers augmentent les caractères distinctifs des Jardins de cette section.

Ceux de la troisième ou du style *pastoral* exigent des terrains unis ou un peu concaves, traversés par des eaux vives, formant des ruisseaux, de petites rivières, des lacs bordés de pelouses, de prairies, d'oseraies, de saules, de bouquets d'arbres aquatiques variés par leur port et leur hauteur, des ponts, des moulins, des bestiaux de plusieurs espèces, des cabanes rustiques propres aux animaux qui animent la scène, et aux hommes qui les gouvernent.

On appelle Jardins *romantiques* ceux dont le sol très-varié dans son plan, ainsi que dans ses élévations et ses contours, présente des pièces de gazon, des tapis de fleurs, des masses d'arbustes, des bouquets d'arbres d'agrément de toutes les saisons, des bois dans leurs différens âges, des futaies, des eaux dans les divers états dans lesquels on les rencontre dans la nature. Ces Jardins admettent, pour ornement, des vases, des statues, des colonnes, des grottes, des ruines, des tombeaux et des temples.

Enfin, la cinquième et dernière sorte des Jardins *paysages*, nommée *parc* ou *carrière*, nécessite les plus grandes dimensions dans son ensemble. Un parc comprend souvent un pays entier : celui de Versailles, par exemple, renferme le Jardin du palais, les châteaux et les Jardins des deux Trianons, les fermes de Satori, des hameaux, des villages et des bourgs. Les Jardins de cette section admettent tout ce qui distingue les quatre précédentes, tous les genres de culture, tous les bâtimens, depuis les palais des souverains jusqu'à la cabane du charbonnier et la hutte du berger. Ils comportent l'emploi des eaux sous toutes les formes et dans les plus grandes dimensions, toutes les usines et les fabriques, tous les chemins qui doivent servir à les parcourir ou les traverser : ils admettent tous les animaux sauvages et domestiques, toutes les serres propres à la conservation des végétaux étrangers des différentes zônes de la terre. Mais il faut que chaque scène qui se présente aux regards, encadrée dans ses limites, n'offre pas de contraste choquant et encore moins de contradictions; il faut qu'elle soit liée aux autres par des transitions ménagées avec art, de manière à inspirer de l'intérêt, à le soutenir et à l'augmenter pendant toute la durée des promenades ou des courses. Comme elles se font ordinairement à cheval ou en voiture, il est essentiel d'établir, dans les voisinages de l'habitation, des allées circonscrites dans de petites espaces qui puissent servir aux promeneurs à pied, à toutes les heures du jour et dans toutes les saisons ; de former des sentiers ou chemins qui conduisent directement à chaque site en particulier, et enfin des routes qui forment les limites de la propriété, et, la traversant dans tous les sens, conduisent à tous les points de vue qui ont été ménagés pour rendre les courses diversifiées et agréables : enfin ces compositions doivent rassembler les sites les plus gracieux et les plus surprenans, et emprunter aux arts mécaniques, à l'architecture, la peinture, la sculpture, ce qu'ils offrent de plus approprié aux différentes scènes et de plus séduisant.

Les Jardins de Guiscard, de Chanteloup, de Bay, de Chantilly, d'Ermenonville, en France; ceux de Stowe, de Persfield, de Haglay en Angleterre; en Allemagne, ceux de Nymphenbourg et de Munich, et enfin, si l'on en croit les relations, ceux des empereurs de la Chine aux environs de Pékin, présentent, ou du moins présentaient, car plusieurs d'entre eux n'existent plus, des modèles plus ou moins perfectionnés de ce genre de Jardins.

Nous présenterons ici le tableau méthodique des genres, des sections ou séries et des principales sortes de Jardins, dont nous venons de présenter l'énumération et d'esquisser les caractères. Pour des personnes exercées, cette forme nous parait plus commode pour faire voir, d'un coup-d'œil, l'ensemble de l'ouvrage que nous nous proposons d'offrir au public.

TABLEAU

DES GENRES, SECTIONS ET SORTES DE JARDINS.

Les Jardins se divisent en :

Économiques ou Légumiers	Marais	De légumes rustiques.
		A couches, cloches ou chassis.
	Potagers	Privés ou ordinaires.
		Des grands jardins, avec serres à primeurs, bâches à ananas, orangerie.
Fruitiers ou Vergers	Agrestes	En lignes.
		En quinconce.
	Soumis à la taille	En quenouilles.
		En vases ou buissons.
		En éventail et espaliers.
Botanique	Médicinaux	Pharmaceutiques.
		D'étude.
	D'instruction	Ne contenant qu'une série de plantes.
		Générale.
		Pour la naturalisation.
Plaisance ou d'Agrément	Symétriques	De ville.
		Public.
		De palais.
	De genre	Chinois.
		Anglais.
		Fantastiques.
	De la nature	Champêtres.
		Sylvestre.
		Pastoraux.
		Romantiques.
		Parcs ou carrières.

Ces vingt-cinq principales sortes de Jardins se divisent elles-mêmes en un très-grand nombre de variétés qui doivent être en rapport avec la nature des sols, la situation des terrains, leurs formes, la température des divers climats, les facultés des propriétaires et leur goût.

Il existe un grand nombre d'ouvrages publiés en France, en Angleterre, en Allemagne, etc., qui traitent avec étendue de la théorie de la composition des différens genres de Jardins dont nous venons d'esquisser l'énumération. Mais il en est peu, ou même point, à notre connaissance, dans lesquels la pratique de cet art soit développée par des plans exacts, dont toutes les parties figurées soient dans leurs justes proportions et en rapport avec le caractère essentiel de la construction. Aucun d'eux ne présente une série de modèles de divers genres, d'après lesquels on puisse exécuter sur le terrain, ceux qui pourraient être à la bienséance des propriétaires des diverses classes de fortune.

Notre but n'est point de nous occuper de la théorie de l'art de la composition des Jardins qui ayant été traitée dans beaucoup d'ouvrages, comme il vient d'être dit, deviendrait ici superflue ; mais nous avons cru qu'un ouvrage qui présenterait une suite de plans de toutes les sortes de Jardins, pourrait être utile et agréable au public.

Nous nous proposons donc de lui offrir une série non interrompue de toutes les constructions en ce genre, depuis celle qui se trouve en rapport avec les facultés du modeste habitant des campagnes, jusqu'à celles qui conviennent aux hommes les plus fortunés et aux puissances de la terre. Nous tracerons le petit clos fermé d'une haie qui entoure la chaumière du laboureur, et dont l'espace divisé en carrés ou planches, est occupé par des légumes agrestes, planté d'arbres fruitiers en plein vent et garni de quelques plantes et arbustes à fleur, pour orner le corset de la jeune villageoise les jours de fêtes. Nous n'oublierons point la tonnelle ou le berceau sous lequel la famille réunie vient respirer, à l'abri des chaleurs de l'été, un air salubre, et prendre ses repas champêtres. Passant ensuite aux Jardins des citadins qui entourent les maisons des villes, nous offrirons des exemples, ou plutôt des modèles de leur construction. Ceux-ci doivent présenter un marcher facile pour l'exercice de la promenade, une verdure qui repose et réjouisse la vue, en même temps que des fleurs qui l'attirent et la flattent, des odeurs qui captivent l'odorat, des fruits qui puissent satisfaire le goût; mais essentiellement un air pur et balsamique capable de neutraliser celui que l'on respire dans les appartemens fermés et le cloaque de la plupart des rues.

Nous offrirons des exemples du genre symétrique, soit que les Jardins qui le composent soient destinés à la culture des légumes, des fleurs, des jeunes arbres en pépinières, ou que leur usage soit de servir de délassement au public.

Les Jardins paysagistes des différentes séries, seront traités avec toute l'étendue que nécessitent leurs nombreuses variétés et la différence des climats du midi, du milieu du nord de l'Europe où l'on serait tenté de les exécuter; mais toujours en offrant des modèles qui puissent être en rapport avec les facultés pécuniaires des diverses classes de la société.

Pour rendre cet ouvrage accessible au plus grand nombre des propriétaires de biens ruraux, nous le publierons par livraison de cinq planches chacune qui paraîtront de mois en mois au prix le plus modique. Notre but étant de contribuer aux progrès de l'art du Jardinage, beaucoup plus que de faire une spéculation mercantile, chaque planche de format grand in-folio présentera le plan d'un Jardin, la division de ses différentes parties et l'élévation de ses fabriques. Un cahier séparé, où chaque Jardin détaillé et décrit suivant sa nature et son usage, sera joint à ces divers plans, au 1er août 1819.

Nous avons déjà réuni plus des deux tiers des plans des différentes sortes de Jardins en tous genres qui doivent entrer dans la composition de cet ouvrage. Les élémens du reste sont entre nos mains : ils sont le fruit d'observations multipliées et d'une pratique de plus de 40 ans. Nous avons déjà exécuté la plupart de ces plans en divers lieux; les autres ont été faits sur des programmes qui nous sont parvenus des pays étrangers et propres à être exécutés dans les différentes parties de l'Europe.

INTRODUCTION.

Avant de donner les détails particuliers sur chaque Jardin paysagiste ou d'agrément, on a pensé qu'il convenait de faire connaître les Observations générales ci-jointes :

1°. Le Bâtiment principal doit avoir des Points de Vue agréables sur le Jardin, pour engager à la promenade, et exciter la curiosité par des Monumens, qui auront eux-mêmes leurs Points de Vue sur la Campagne ou sur quelques Fabriques;

2°. Il faut planter sur le devant du Bâtiment, des Arbres verts et autres, dont la teinte du feuillage soit foncée en couleur, pour faire repoussoir. Sur le second Plan, il faut des Arbres plus petits, et dont le feuillage soit plus clair;

Enfin, sur le troisième Plan, les Arbres doivent être plus petits, et avoir une teinte argentine, afin de rendre, sur le terrain, l'effet qu'un peintre de paysages rend sur la toile.

3°. On doit établir un Chemin qui tourne autour de la Propriété, en observant de l'alonger le plus qu'il est possible, et lui donner un contour agréable, pour qu'en le parcourant, soit à pied, à cheval, ou en calèche, on n'éprouve aucune difficulté, et pour ne pas suivre l'exemple donné dans des Jardins, soi-disant Anglais, où l'on voit des allées qui tortillent sans motifs, et qui ne mènent à aucun but.

4°. On veillera aussi à ce que tous les Chemins qui se sépareront de celui qui tourne autour de la propriété, aient une destination, soit pour conduire à différentes Fabriques, Salle de repos et autres Points de Vue, et à ce que chaque Fabrique fasse un Tableau. Il est nécessaire que tous ces Chemins soient bordés de différentes espèces d'Arbres, soit en massifs, ou isolés.

Planter des masses d'Arbres de même nature, et si on les mélange, rassembler les teintes à-peu-près semblables, afin d'éviter le désagrément de voir des couleurs fortes réunies à des couleurs faibles, ce qui produit un contraste désagréable. Il faut avoir soin également de grouper de manière à former toujours des avant-scènes pour chaque Tableau qu'on aura à faire, et les varier. Les Arbres les plus agréables doivent être plantés isolément dans la prairie *çà* et *là* par groupes de 3, 5, 7, 9, etc.

Dans le choix d'une Propriété, il serait agréable d'avoir le Bâtiment principal sur une hauteur, afin que du Bâtiment on puisse apercevoir une partie des Fabriques établies à divers endroits, et former le chemin aux angles dudit Bâtiment, afin qu'il se trouve entouré de pelouses de tous côtés.

Il est à observer que les Plans des Fabriques sont à l'échelle du Plan; mais on a été obligé de faire quelquefois les élévations du double, triple, etc. du Plan, mais toujours dans les mêmes proportions, pour rendre les détails plus sensibles.

PLANS RAISONNÉS

DE

TOUTES LES ESPÈCES DE JARDINS.

N° 1. JARDIN DE GROS LÉGUMES.

Ce Jardin contient environ six arpens, et pourrait être clos de haies. On y cultiverait toutes les espèces de Légumes, nécessaires à l'approvisionnement des halles, comme choux, pommes de terre, betteraves, carottes, haricots, navets, et autres du même genre, selon la nature des climats et les productions des différens pays.

A. Bâtiment du Cultivateur.

B. Bâtiment destiné à serrer les Légumes.

C. Basse-cour avec toit à porcs, vacherie, écurie, trou à fumier et colombier.

D. Puits autour desquels on planterait des arbres fruitiers pour garantir du soleil les ouvriers qui y tireraient de l'eau.

E. Carrés destinés aux semis des légumes potagers; ces carrés seraient entourés de plates-bandes, garnies d'arbustes à fleurs et de plantes d'agrémens.

F. Massif où on planterait les différentes espèces de Légumes potagers. Près du Bâtiment, il y aurait un berceau ou tonnelle; autour de ce berceau, on planterait des arbres d'agrément aux pieds desquels on mettrait des plantes grimpantes ou des vignes.

G. Massifs de groseillers, au centre desquels on planterait un noyer ou autre arbre à fruits; tous les carrés, ou massifs de ce Jardin, pourraient être entourés de vignes.

N° 2. JARDIN POTAGER MARAICHER.

Ce Jardin contient environ quatre arpens. Le terrain est supposé entre deux rivières qui se joignent à l'extrémité dudit Jardin. On a pratiqué plusieurs escaliers pour pouvoir puiser à la rivière de l'eau pour les arrosemens du Jardin.

A. Bâtiment du Jardinier. Son logement serait élevé de quatre pieds au-dessus du niveau du terrain, et quatre pieds pour descendre à la cave; ce qui donnerait huit pieds pour le dessous du Bâtiment : il serait destiné à serrer les Légumes et autres objets.

B. Couches à melons sous châssis.

C. Couches à melons sous cloches.

D. Couches à champignons.

E. Cour à fumier et Hangar pour serrer les cloches, paillassons, et les instrumens aratoires.

F. Côtière destinée aux primeurs.

G. Chaque planche serait destinée à mettre différens Légumes.

H. Puits.

N° 3. JARDIN POTAGER PRIVÉ.

Ce Jardin contient trois arpens un tiers, et pourrait être établi dans le milieu d'un parc ou d'un jardin pittoresque, et serait entouré de murs, le long desquels on planterait des pêchers, abricotiers, vignes, etc.

A. Bâtiment de Cultivateur. De chaque côté il y a une Serre; en avant des deux Serres, il y aurait deux châssis destinés aux semis.

B. Hangard pour serrer les ustensiles du jardinage et la voiture.

C. Cour à fumier.

D. Puits auquel on a adapté une manivelle pour tirer l'eau, la diriger dans le réservoir et ensuite dans les bassins établis dans le Jardin, au nombre de quatre.

E. Réservoir.

F. Figuerie ou Melonnière.

G. Quatorze carrés destinés à la culture de toutes les espèces de Légumes, lesquels seraient entourés, ainsi que les murailles, d'arbres fruitiers en espaliers.

N° 4. JARDIN POTAGER DE PRIMEUR.

Ce Jardin contient deux arpens et demi. Il serait spécialement destiné aux Serres, châssis et couches.

A. Grande Serre pour chauffer les figuiers, cerisiers et les Légumes de primeur, avec un poële sur le devant de la Serre, posé sur l'épaisseur du mur d'appui, et sur le tuyau, qui serait carré, on mettrait des poteries, pour fraisiers, ou autres Légumes.

B. Petite Bache ou châssis hollandais en avant de la grande Serre; dans laquelle on semerait des haricots, des pois, et on planterait des fraisiers afin d'y récolter de bonne heure. Un fourneau en terre cuite serait placé sur l'épaisseur du mur qui est en avant.

C. Serre à ananas.

D. Bache à ananas.

E. Serre que l'on adapterait le long des murs pour chauffer les arbres en espalier, comme vignes, abricotiers, pêchers et autres. Sur le devant de ladite Serre, on pourrait semer des pois, des haricots et autres. Pour ne pas fatiguer les arbres, on ne les chauffe que tous les trois ans. Si on a un espalier de soixante toises, on en chauffe tous les ans vingt toises.

Pour établir cette Serre, on place des dés en pierre à quatre pieds de distance les uns des autres, pour recevoir les montans en bois sur lesquels on pose les châssis. Il faut que les dés ayent dix-huit pouces d'écarissage, afin de pouvoir entailler, dans lesdits dés, le diamètre des tuyaux en terre cuite destinés pour la conduite de la chaleur, comme il est marqué sur le plan E.

F. Châssis dont les couches seraient inclinées pour les melons.

G. Châssis, dont les couches seraient à plat, pour les melons, asperges, laitues, etc.

H. Couches inclinées pour melons, laitues, sur lesquelles on mettrait des cloches.

I. Couche à plat comme ci-dessus.

K. Couches sourdes.

L. Couches sourdes inclinées pour les patates, etc.

M. Couches sourdes en buttes, pour melons, patates ou autres.

N. Couches sourdes pour succéder aux châssis.

O. Couches sourdes à plat pour succéder aux couches à cloches.

P. Couches en meule à champignons.

N° 5. ORANGERIE.

Ce Jardin contient environ six arpens.

A. Serre d'Orangerie.

B. Grande plate-bande en gazon sur laquelle on mettrait les plus grands Orangers.

C. Deuxième plate-bande sur laquelle on mettrait les moyens Orangers.

D. Troisième plate-bande sur laquelle on mettrait les plus petits : ce qui ferait amphithéâtre. On établirait les plate-bandes plus larges que la tête des Orangers, afin que les fleurs ne tombassent pas sur le sable.

E. Pelouse autour de laquelle il y aurait des plate-bandes de fleurs sur lesquelles, et en face des petits Orangers, on planterait des rosiers greffés sur églantiers, ce qui terminerait l'amphithéâtre. Lorsque les Orangers seraient dans l'Orangerie, on mettrait à leur place des arbres verts, ce qui formerait un amphithéâtre d'un autre genre.

F. Allée faisant le tour de l'Orangerie d'été.

G. Grand bassin.

H. Salon qui aurait vue sur le Jardin de deux côtés. Le côté de la glace serait placé du côté de l'Orangerie de manière à produire l'effet suivant :

Il y aurait deux glaces, l'une à tain et l'autre sans tain ; toutes deux seraient mobiles et de manière à disparaître à volonté. Lorsqu'on recevrait des personnes dans le salon, la glace à tain serait en évidence ; lorsque la compagnie aurait été distraite par un déplacement, on la ferait revenir dans le salon ; alors on aurait fait disparaître la glace à tain pour y substituer celle sans tain. La surprise serait grande de voir au travers de la glace une Orangerie illuminée. A l'extrémité, parallèle à ce salon, serait un Pavillon pour la musique. Les portes intérieures du salon, étant garnies de glaces, répéteraient l'Orangerie.

N° 6. JARDIN FRUITIER NON SUJET A LA TAILLE.

Ce Jardin, de huit arpens, serait entouré de haies ou d'un treillage agreste ; les plantations se feraient d'une manière irrégulière ou en ligne, et en laissant assez de distance pour que le fourrage pousse facilement, et que les arbres ne se gênent pas entre eux.

A. Bâtiment servant à serrer les ustensiles aratoires, et logement du jardinier.

B. Fruitier.

C. Grange.

D. Basse-cour dans laquelle on planterait des noyers, mûriers ou autres arbres.

E. Vacherie et écurie.

F. Potager.

G. Porte rustique.

H. Salle de repos.

I. Petit Bâtiment pour loger un garçon jardinier chargé de veiller à la conservation des fruits.

N° 7. JARDIN FRUITIER EN QUINCONCE.

Celui-ci peut être établi dans un Jardin pittoresque ; sa grandeur serait de deux arpens et demi environ.

A. Bâtiment servant de logement au jardinier. Ce Bâtiment pourrait faire point de vue au Château.

B. Cour pour les fumiers.

C. Hangar pour serrer les échelles destinées à la taille des arbres.
D. Bassin.
E. Massifs entourant le verger.

N° 8. JARDIN FRUITIER

SUJET A LA TAILLE EN QUENOUILLES.

Ce Jardin contient trois arpens et demi. Il pourrait être établi dans un jardin pittoresque, en y ménageant des clairières pour donner de l'air aux nouvelles plantations.
A. Bâtiment du jardinier.
B. Pelouse.
C. Massifs d'arbres en quenouille.
D. Clairières.
N° 1. Taille d'un an.
N° 2. Taille de deux ans.
N° 3. Taille de trois ans.

N° 9. JARDIN FRUITIER

SUJET A LA TAILLE EN VASES OU BUISSONS.

Ce jardin contient quatre arpens et demi. Il pourrait être établi dans un jardin pittoresque : les arbres seraient plantés de manière à être taillés commodément; il faudrait ménager des clairières pour faciliter la végétation.
A. Bâtiment du jardinier, servant de point de vue. A un des angles du bâtiment, il y a une tour gothique, de laquelle on peut découvrir toute la campagne.
B. Massifs d'arbres à fruits.
C. Pelouse.
D. Clairières.
N° 1. Taille d'un an.
N° 2. Taille de deux ans.
N° 3. Taille de trois ans.

N° 10. JARDIN FRUITIER

SUJET A LA TAILLE EN ESPALIERS.

Ce jardin contient quatre arpens deux tiers. Il pourrait être établi dans un jardin pittoresque. Il est nécessaire qu'il soit entouré de murs afin de pouvoir établir les espaliers. Il serait pratiqué quatre issues pour aller dans le jardin pittoresque autour des murs. Il y aurait une plate-bande où on planterait des arbres fruitiers, comme pêchers, abricotiers, poiriers, cerisiers, etc., et entre les arbres, de la vigne pour former un cordon au-dessus des espaliers.

A. Bâtiment pouvant servir de point de vue au Château, et de logement au jardinier.

B. Porte rustique.

C. Bassin, au centre duquel il y aurait un jet d'eau C. ou une figure D. représentant Pommone, déesse des fruits.

E. Arbres fruitiers, taillés en éventail, placés sur des plate-bandes.

F. Allée faisant le tour du verger.

G. Espaliers.

N° 1. Taille d'un an.

N° 2. Taille de deux ans.

N° 3. Taille de trois ans.

N° 11. JARDIN PHARMACEUTIQUE.

Ce jardin contient deux arpens un quart.

A. Bâtiment du cultivateur.

B. Serres destinées à mettre les plantes qui doivent être portées à la halle.

C. Deux autres petits bâtimens destinés à éplucher les plantes et fleurs, pour être livrées aux herboristes.

D. Monticules, plantées d'arbres isolés, sous lesquels on placerait les plantes qui demandent de l'ombre et de la sécheresse.

E. Plate-bandes de différentes grandeurs; les grandes, pour les plantes dont le débit est considérable, les moyennes et les plus petites, par gradations, pour les plantes dont l'usage est moins fréquent.

F. Bassin pour les Plantes aquatiques.

G. Isle plantée de manière que chaque espèce ait la quantité d'eau suffisante pour leur végétation.

H. Allée plantée de tilleuls dont la fleur est utile, et ils procureraient de l'ombre et une promenade agréable.

I. Petit bassin pour l'arrosement.

PLANTES que l'on peut cultiver avec avantage dans le Jardin Pharmaceutique, en observant le site convenable aux espèces.

Absinthe grande et petite.	Ciguë.
Aconit napel.	Guimauve.
Ache.	Hysope.
Angélique.	Mélisse.
Armoise.	Menthe.
Aunée.	OEillets rouges.
Bardane.	Raifort.
Belladone.	Rue.
Bourrache.	Roses de Provins.
Camomille.	Sauge.
Chamædrys.	Scordium.
Chardon bénit.	Violettes.
Chicorée.	

Nº 12. JARDIN PHARMACEUTIQUE D'ÉTUDE.

Ce Jardin contient deux arpens et demi.

A. Bâtiment destiné pour la démonstration des plantes et drogues.

B. Salle pour la préparation des drogues.

C. Escalier pour monter au second, où serait le logement des Professeurs, et plus haut le logement du jardinier et des personnes occupées à la culture.

D. Écuries, remise, poterie et lieu où l'on prépare les terres.

E. Cour d'entrée.

F. École de botanique.

G. Bassin servant à l'arrosement des plantes.

H. Promenades, avec bancs le long du mur, pour les élèves.

I. Serre d'Orangerie.

K. Serre tempérée.

L. Bache.

M. Châssis.

N. Plantes destinées pour être distribuées aux élèves. Ce terrain contient huit cent quarante toises.

O. Bassin pour les plantes aquatiques.

P. Hangar pour serrer les ustensiles aratoires.

Q. Vestibule où on mettrait les fourneaux de la serre posés sur le petit mur d'appui qui porte les vitraux.

R. Passage pour aller d'un jardin à l'autre.

Dans une École destinée à l'instruction des élèves, le Professeur établit la méthode, la classification ou le système qu'il juge le plus convenable pour faciliter l'étude des végétaux. Les Écoles les plus célèbres ont adopté les familles naturelles de Jussieu, d'autres le système de Linneus; ceux-ci la méthode de Tournefort, avec quelques modifications.

Il est loin de ma pensée de vouloir tracer aux Professeurs la classification qu'ils doivent suivre; mais, puisque l'Ecole du Jardin du Roi a adopté la méthode de Jussieu; que le Professeur de la Faculté de Médecine de Paris suit le système de Linneus, avec quelques changemens, je vais rapporter la classification enseignée à l'Ecole Spéciale de Pharmacie de Paris.

Cette méthode, adoptée par Tournefort, et modifiée par M. Guiart, est celle qui convenait mieux, tant par rapport à la célébrité de son auteur, qu'à cause de son utilité pour le jeune pharmacien, qui se livre pour la première fois à l'étude de la Botanique.

MÉTHODE CALQUÉE SUR CELLE DE TOURNEFORT.

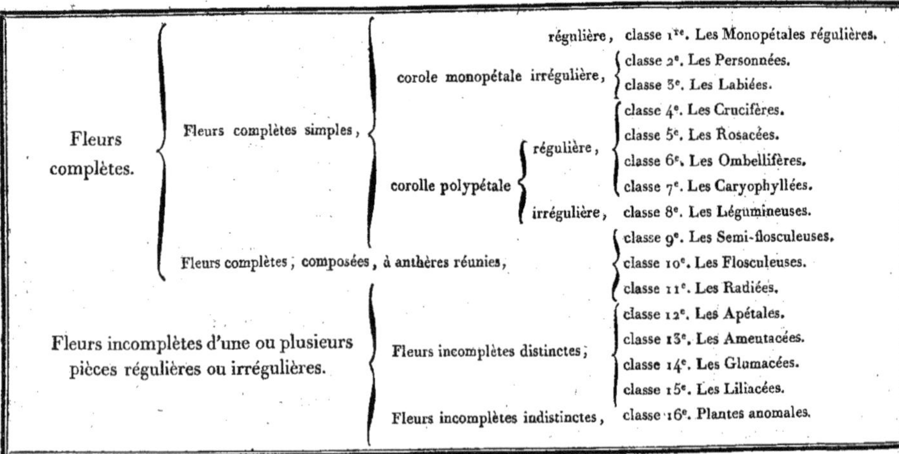

N° 13. PROJET D'AGRANDISSEMENT

DU JARDIN DES PLANTES DE PARIS.

Ce jardin contiendrait cent quarante arpens, et serait destiné à la culture de toutes les espèces de végétaux.

A. Cabinet d'Histoire Naturelle actuel.

AA. Cabinet où seraient classés les trois règnes de la nature.

B. Ecole de Botanique, fermée par des eaux vives, des eaux stagnantes, des eaux courantes et des viviers, dans lesquels on mettrait toutes sortes de poissons pour les démonstrations.

C. Bassin propre à la culture des plantes aquatiques.

D. Plantations d'arbres variés, les plus petits sur le devant, les moyens sur la seconde ligne, et les plus grands sur la dernière ligne, de manière à former un amphithéâtre sans être obligé de les tailler; ce qui donnerait un aperçu de la nature de chaque arbre, pour les planter dans les massifs des jardins pittoresques, et propres à offrir un coup-d'œil agréable.

E. Pépinière dans plusieurs carrés. Il y aurait des écoles de démonstration pour les greffes, la taille, les boutures et marcottes.

F. Potager, avec des murs de refend pour les espaliers et la démonstration des différentes tailles.

G. Fleuriste.

H. Serre chaude, serre tempérée, serre à ananas, bache pour la naturalisation et autres.

I. Dépôt de fumiers, terres, poteries, ustensiles, et hangar derrière les serres.

K. Bibliothèque.

L. Grange pour serrer les produits de la culture.

M. Amphithéâtre pour les démonstrations de botanique, de chimie et autres.

N. Logement des professeurs et corps-de-garde.

O. Grand labyrinthe.

P. Petit labyrinthe.

Q. Serre Baudin.

R. Serre des arbrisseaux.

S. Serre des plantes grasses.

T. Serre chaude.

U. Orangerie.

V. Rocher d'où l'eau sortirait pour retomber dans un lac où il y aurait plusieurs îles. Le chemin X passerait sous le rocher, et les eaux tomberaient à travers les roches, devant les personnes qui iraient au Cabinet. A l'entrée du souterrain, il y aurait des escaliers pratiqués dans les roches, conduisant au labyrinthe. Sur le rocher on placerait toutes les espèces de plantes grasses, pendant l'été.

Y. Moulin à eau, propre à des divers usages.

Z. Parc pour les animaux paisibles.

&. Moulin à vent.

(a) Vignoble pour toutes les espèces de vignes qui croissent en Europe et autres.

(b) Ferme contenant vacherie, bergerie, grange, colombier, toit à porcs, etc.

(c) Volière entourée d'arbres.

(d) Ménagerie des animaux féroces, avec leurs parcs.

(e) Autre ménagerie d'animaux paisibles.

(f) Terrain destiné à la culture des plantes usuelles distribuées aux pauvres malades; pour la teinture, la filature, et une plate-bande dont les plantes sont données aux élèves qui font des herbiers. Les plate-bandes qui bordent les arbres seraient destinées aux arbustes, arbrisseaux, qui se lieraient avec les petits et grands arbres.

(g) Portes d'entrée par la rue du Jardin du Roi.

(h) Pont d'Austerlitz.

(i) Pont de la Tournelle.

(k) Grande culture pour les céréales, avec des arbres plantés çà et là, par groupe, et pour en avoir les graines.

N° 14. JARDIN POUR LA NATURALISATION.

Ce Jardin contient environ quatre arpens.

A. Bâtiment du cultivateur.

B. Orangerie faisant parallèle.

C. Serre chaude pour planter les arbres en pleine-terre.

D. Serre pour les arbres de la Nouvelle-Hollande et autres.

E. Baches pour la multiplication.

F. Baches au couchant, pour le même objet.

G. Plate-bandes pour la multiplication.

H. Plate-bandes pour les semis.

I. Triangle destiné aux semis.

K. Grand carré pour les arbres un peu forts.

L. Carré pour repiquer les semis.

N. Bassin.

O. Fleuriste.

P. Plate-bandes pour placer les arbres et arbustes en sortant des serres.

Q. Carré pour repiquer les semis de deux ou trois ans.

S. Escalier descendant de la terrasse au fleuriste par-dessus la bache du nord.

T. Bache du nord.

U. Vestibule pour allumer les fourneaux des serres.

V. Elévation de la serre chaude D.

X. Hangar pour serrer les ustensiles du jardinage.

Y. Escalier pour monter sur la galerie de la serre D, pour la couvrir avec des paillassons. A l'extrémité de ladite galerie, du côté de la serre C, il y a un escalier tournant dans deux colliers de fer pour monter à la galerie de la serre C et au grenier destiné à serrer les paillassons, les graines, etc.

Le jardinier pourrait parcourir ces serres sans sortir dehors.

N° 15. JARDIN SYMÉTRIQUE DE VILLE.

Ce Jardin contient un demi-arpent.

A. Bâtiment.

B. Allée couverte, faisant le tour du jardin.

C. Allée de même niveau allant au bosquet : elle serait séparée de la précédente par une haie en troënes ou en rosiers.

D. Allée du bosquet avec salle, banc de repos et diverses figures ; ce bosquet est entouré d'arbustes à fleurs et d'arbres à tiges sur le derrière.

E. Allée creusée de dix-huit pouces, dont les terres seraient soutenues par des talus plaqués en gazon.

F. Pelouse aux deux extrémités de laquelle il y aurait un vase et une figure.

G. Salle élevée de quatre pieds au-dessus de la pelouse F.

H. Autre salle, avec une figure, faisant fond au petit bosquet. Cette salle serait élevée de quinze pouces au-dessus, ce qui ferait amphithéâtre.

I. Figures formant point de vue du Bâtiment.

K. Salle de repos du même niveau que la salle D.

N° 16. JARDIN PUBLIC.

CHAMPS ÉLISÉES.

Cette promenade contient environ cent vingt arpens.

A. Jardin des Tuileries.

B. Place de Louis XV. Il y aurait à établir deux ponts sur les fossés, l'un donnerait sur le quai des Tuileries et l'autre donnerait du côté de la rue de Rivoli.

D. Garde-Meuble de la Couronne.

E. Pont de Louis XV.

F. Chambre des Députés des Départemens.

G. Palais Bourbon.

H. Quinconces des Invalides.

I. Cours la Reine.

K. Rotondes destinées pour les bals les jours de fêtes publiques, et l'Exposition des produits de l'industrie nationale.

L. Grand carré des Jeux, aux angles duquel on établirait des pavillons destinés aux Restaurateurs ; et sur la pelouse il y aurait des Jeux, les jours de fêtes, tels que les exercices d'Équitation de Franconi, Danses de corde, Mâts de Cocagne et autres.

M. Carrés aux extrémités desquels on établirait des Cafés.

N. Ces deux carrés seraient disposés de la même manière, avec Traiteurs ou Cafés.

Il serait établi deux Avenues : l'une O traverserait le grand carré des Jeux, dont le commencement serait à la place Louis XV ; elle serait terminée par une Avenue qu'on pourrait établir à la lettre P. Cette Avenue conduirait du Cours la Reine au faubourg Saint-Honoré ; et l'Avenue Q commencerait à la place de Louis XV, en suivant l'alignement du Garde-Meuble, jusqu'à la lettre P. Les jours de Fêtes, l'on pourrait illuminer ces trois grandes Avenues ; celle du bord de l'eau, celle du milieu, l'Avenue de Neuilly et celle du côté du Garde-Meuble.

R. Jardins particuliers.

S. Avenue de Marigny.

T. Avenue d'Antin.

U. Avenue des Veuves.

N° 17. JARDIN DE PALAIS.

LES TUILERIES.

Ce Jardin, de l'invention de M***, fut commencé sous Henri IV, et séparé du Palais par une rue. Le Jardin dit Tuileries était mal distribué, dépourvu de tout agrément, et beaucoup moins étendu qu'il ne l'est aujourd'hui. Les deux projets d'achever le Palais et d'embellir le Jardin furent conçus en même-temps. Le mur fut abattu : on démolit les divers édifices qui s'y trouvaient, et sur le terrain qui contenait soixante-sept arpens, Lenôtre exécuta ce magnifique Jardin, qui est regardé comme un des plus beaux de l'Europe. (*Voyez* Saint-Victor.)

A. Les trois pièces de broderies entourées de plate-bandes de fleurs.

B. Les trois bassins.

C. Parterres de gazon.

D. Petit bois planté.

E. Bosquets.

F. Boulingrin ou Bassin de gazon.

H. Salle de la Comédie.

I. Frises ou Panneaux de gazon.

L. Grand bassin octogone.

M. Escaliers.

N. Petit escalier.

O. Escalier de la terrasse.

P. Terrasse le long de l'eau.

Q. Terrasse le long du palais.

R. Plan du palais des Tuileries.

S. Fossés de la ville.

U. Terrasse faisant face à la place Louis XV.

V. Glacis pour monter sur la terrasse.

N° 18. JARDIN ROMANTIQUE CHINOIS.

Ce jardin contient quatre-vingt-quatorze arpens environ.

A. Porte d'entrée avec quatre pavillons destinés au portier.

B. Pont chinois.

C. Deux corps de bâtimens servant de vestibule. Escalier et Galerie.

D. Salon du propriétaire.

E. Pont et Galerie couverte, conduisant au logement de divers amis.

F. Logement du propriétaire ayant vue sur la mer. Un lac spacieux, entouré de montagnes escarpées et d'un chemin de ronde à mi-côte, qui fait découvrir une partie de l'ensemble du jardin, commode pour la promenade.

G. Ile de Flore. On a planté sur les bords des chemins, des arbres et arbustes à fleurs, et des fleurs odoriférantes sur de petites monticules très-douces, pour que les fleurs forment un amphithéâtre, et que les parties en gazon soient un peu concaves ; ce qui donne de la grâce aux prairies, et fait que les chemins ne sont pas monotones. On a eu soin, à cet effet, de les élever. Les massifs qui bordent les chemins de l'autre rivage, sont plantés d'arbustes à fleurs odoriférantes. On a placé des bancs champêtres, d'où, à travers les feuillages, on apperçoit la rivière. Dans les parties un peu entourées, il y a d'autres massifs plantés de saules pleureurs, afin d'avoir la facilité de s'approcher à fleur d'eau pour pouvoir y pêcher. On a eu soin de placer sur les bords de l'île, des peupliers suisses et quelques saules pleureurs. A l'extrêmité de l'île se trouve un Temple chinois en porcelaine, aperçu du salon du propriétaire, et ayant vue sur deux rivières, l'une souterraine et l'autre à l'air, avec un pont. Le pont de droite conduit à travers les roches, les pins, les sapins, les ronces, et vient gagner le chemin J, qui passe sous un rocher, où l'on voit tomber l'eau en lame sur sa tête. Ensuite, on passe en plein air devant une autre chute d'eau moins considérable. Tous ces bancs de rochers sont plantés d'arbres aquatiques, de cornouilliers sanguins, pistachiers cultivés, oliviers de Bohême, ronces à fleurs doubles, etc., etc., etc. Suivant le même chemin, on passe sur un pont qui fait voir le port M, destiné à mettre les gondolles à l'abri. De là, on entre dans une presqu'île plantée d'arbres les plus agréables, tels que les peupliers d'Italie, le saule pleureur, le peuplier blanc, le grisard. Des bancs variés procureront par leur position, des points de vue pour jouir du départ des gondolles. Le bâtiment principal D, est posé sur un rocher escarpé, sur lequel on a planté, par groupes, des arbres agréables.

H. Ile de Vénus. Cette île est plantée d'arbres isolés de toutes les variétés d'arbres aquatiques, tels que saules pleureurs, peupliers, faux trembles, peupliers d'Athènes, peupliers noirs, etc., etc. Ils sont disposés çà et là par masse, avec des bancs champêtres. Cette île se trouve presqu'à fleur d'eau, de manière que, dans les grandes chaleurs, on va y respirer le frais, et de là on monte au désert.

I. Isle d'amour. Une allée fait le tour de l'île : à droite elle côtoie le lac, et un bras de rivière, qui la sépare de l'île K. A gauche les allées de cette île sont bordées d'arbustes à fleurs variées et de divers groupes d'arbres, comme platanes, peupliers suisses, frênes pendans, cytises des Alpes, etc. Deux ponts font passer sur la petite île K, et cette île de l'Amitié est plantée, sur les bords de la rivière, d'arbres aquatiques, comme saules pleureurs, saules marceaux, peupliers d'Athènes, peupliers du Canada; près de l'un des deux ponts se trouve un pavillon chinois où l'on pourrait pêcher à l'abri du mauvais temps.

L. Monticule au haut duquel il y aurait une pagode. Le chemin du bâtiment principal qui conduirait à cette pagode, serait planté de groupes d'arbres très-touffus, en laissant des clairières. Le vallon serait orné d'arbustes à fleurs pour se lier avec les autres groupes de terre de bruyère situés du côté de l'autre rive. On a placé derrière les arbustes et arbres, des bancs qui laissent voir la rivière et l'île. Cet endroit forme un bocage délicieux, pour arriver à la pagode L. Le chemin qui prend naissance au chemin Y est montueux; arrivé à la pagode N, on découvre une partie du lac et des environs; il sert de point de vue pour le bâtiment principal. Ce monticule a trente pieds d'élévation. Un autre chemin passe de même dans un bois très-touffu. A l'issue de l'allée qui arrive à la rencontre du chemin qui le traverse, se trouve une clairière à gauche, les arbres qui la bordent sont d'une teinte très-sombre, et à l'extrémité est le tombeau d'un ami révéré.

N. L'autre pagode est placée sur un monticule. Un seul chemin y conduit. Ce chemin n'est pas aperçu. Il se trouve parfois entouré d'arbustes et d'arbres isolés, comme vernis du japon, noyers, pacaniers, sumacs, etc.; les parties de pelouse qui entourent ce monticule, sont très-profondes, et deviennent un endroit très-sauvage; et à l'extrémité se trouve le tombeau de Confucius.

O. Pagode placée sur un rocher, d'où l'eau sortant avec impétuosité, et de cascade en cascade, irait tomber dans un immense lac.

P. Isle des Roches. Cette île serait entre deux montagnes vomissant l'eau. Le soubassement de ce rocher à fleur d'eau aurait une issue pour entrer dans une pagode garnie de glaces de tous côtés avec des sophas au pourtour. Le plafond de cette salle serait en glace sans tain, sur lequel il serait établi un bassin dans lequel on mettrait des poissons rouges, dorés, et des oiseaux dans des globes qu'on placerait sur ce même plafond. On croirait voir les oiseaux dans l'eau. Des chemins pratiqués dans les roches montent à une autre pagode d'une hauteur supérieure, où se trouve le bassin dont on vient de donner le détail.

Par le moyen d'une machine hydraulique, on ferait monter les eaux qui, par l'établissement d'une mécanique, mettraient en jeu un orgue qui exécuterait plusieurs airs.

Q. Chemin du désert, passant à travers les roches, parmi les sapins et les torrens qui couleraient à droite et à gauche dudit rocher. La première pagode se trouve à vingt pieds d'élévation au-dessus du niveau de l'eau ; on arrive ensuite à une pagode plus élévée de douze pieds, dont la vue domine sur tous les environs. En suivant le même chemin, on rencontre deux pagodes dont la dernière est encore plus élevée que la première, puis en continuant, on descend dans une autre pagode. Après avoir parcouru ce désert, il se trouve un chemin conduisant à un Elysée; cet Elysée serait établi parmi plusieurs monticules, lesquels seraient plantés d'arbres à fruits et à fleurs, tels que camelia, azaléa, rhododendrum, etc., afin qu'il y ait toujours des fleurs ou des fruits.

R. Chemin destiné aux voitures et cavalcades, à partir d'R en S. Le chemin monterait d'S en T et redescendrait dans une vallée bordée de coteaux escarpés, dont les parties de roches menacent ruine. De T en U le chemin est très-montueux. Arrivé à la lettre U, on commencerait à être dans une partie plantée d'arbres fruitiers et d'arbres à fleurs, il ne resterait plus qu'une gorge à parcourir pour arriver à l'Elysée.

V. Différentes rivières seraient bordées de rochers et d'arbres aquatiques.

X. Rivière passant à travers un rocher dont les arbres paraîtraient être retenus par des roches; et dans d'autres endroits, les roches sembleraient menacer ruine, ou être soutenues par les arbres; divers torrens passeraient entre les roches.

Y. Différens chemins borderaient la rivière. On placerait des figures aux angles des massifs.

N° 19. JARDIN FANTASTIQUE ANGLAIS.

Ce Jardin était entouré de murailles qui masquaient la vue de la campagne ; une source d'eau vive se trouvait sur la droite , à six pieds d'élévation, et ses eaux étaient conduites au potager par des plombs.

Des rivières ont été creusées. Les terres ont été transportées sur l'allée désignée O , élevée de cinq pieds jusqu'au temple désigné H ; de manière que l'on découvre toute la campagne de cette allée. On a eu soin de planter çà et là sur les côtés du chemin, de grands arbres et sur les talus des arbustes pour soutenir le chemin et en même temps cacher la muraille et les grands arbres, et mettre à l'abri du soleil.

Une partie des prairies a été creusée et les terres transportées sur les massifs, pour donner au terrain un mouvement pittoresque et agréable.

A. Cour d'entrée.

B. Bâtiment principal.

C. Basse-cour.

D. Terrain élevé et soutenu par des roches près le bâtiment.

E. Petit Hermitage servant de cabinet de travail ; dans l'angle de l'hermitage, on a placé une glace qui fait apercevoir le temple romain désigné H.

F. Rocher sous lequel une source d'eau vive tombe par cascades de la hauteur de six pieds, dans un lac entouré de peupliers suisses, de saules pleureurs, arbres à tiges, arbustes à fleurs et à odeur ; une rivière sortant du lac passe sous un pont chinois N, et traverse la prairie devant le bâtiment.

La rivière de droite traverse la prairie, en passant sous le pont hollandais M, chemin O, et forme l'île de Bélus P, fils de Neptune ; repasse sous deux ponts, l'un rustique et l'autre hollandais, et de là dans le lac G. La rivière regagne la pièce d'eau F.

G. Lac entouré de saules pleureurs, peupliers d'Italie, platanes et frênes pendans, peuplier baumier, etc.

H. Temple posé sur une éminence, ayant vue à travers les arbres sur la campagne et sur une prairie plantée d'arbres isolés, comme tulipiers, catalpa, mûrier de la Chine, frênes à fleurs ; et, près du bâtiment, des acacias triacanthos, et blancs. Le trop plein des eaux passe sous le temple et va se jeter dans la prairie.

I. Chemin conduisant à la salle K entourée de figures posées sur des gaines. Entre ces figures sont placés des bancs chinois, environnés d'arbustes à fleurs odorantes.

L. Chemin traversant le bois, le pont hollandais désigné M et la prairie plantée d'arbres isolés, comme saules blancs, saules marceaux, frênes pendans. Arrivé à une figure représentant Diane, on trouve deux chemins, celui de droite fait traverser le bois planté d'arbres de moyenne hauteur. Ceux qui sont en avant dans la prairie, sont plus petits, et ceux plantés dans le fond, très-grands, de manière à faire croire que c'est une forêt très-étendue. Arrivé au pont rustique, formé avec des branches d'arbres, on aperçoit à droite des arbres isolés dans la prairie, avec un banc en gazon, placé au pied d'un coteau, jouissant de la vue du temple de Bellone, désigné P. De l'autre côté, la prairie plantée d'arbres d'une autre nature, va rejoindre le chemin de ceinture, et suit derrière le temple désigné H.

L'autre chemin passant dans une prairie, de là sur le pont hollandais, conduit directement au temple romain. Arrivé à ce temple, on a dix marches à monter. Sur la droite du bâtiment se présentent deux chemins : celui de gauche fait traverser la prairie, le bois, et va rejoindre le bâtiment ; l'autre, l'allée de ceinture, traverse le bois, conduit à un superbe espalier et à l'angle du mur. Une chaumière, désignée Q, sert de lieu de repos. En suivant ce chemin, on arrive au bâtiment.

R. Potager, avec des plate-bandes, garnies de quenouilles, entremêlées de pommiers de paradis.

N° 20. JARDIN FANTASTIQUE.

Ce Jardin contient environ douze arpens.

A. Cour en avant du bâtiment et une pelouse en gazon entourée de fleurs.

B. Remise, écurie et basse-cour.

C. Château.

D. Lac avec deux îles réunies par un pont.

E. Chemin traversant la prairie et la forêt, et allant au rocher F, avec un pont chinois. L'eau tomberait d'un rocher de dix pieds, dans un petit lac, et se répandrait dans la prairie, par deux petits bras de rivière ; ensuite après avoir traversé la forêt et la rivière, on arriverait au temple de Diane G, posé sur une glacière ; puis on passerait sur un pont qui conduirait au bâtiment C.

I. Chemin conduisant au vallon où il y a un rocher sur lequel il se trouve un temple K, dont l'escalier a été pratiqué dans les roches ; différens petits chemins ont été ouverts dans la pelouse où est le temple chinois K, lesquels ne sont pas aperçus du bâtiment.

J. Vallon.

N° 21. JARDIN CHAMPÊTRE.

Ce Jardin contient environ seize arpens.

A. Porte d'entrée, avec deux pavillons pour le portier ; le chemin en face conduit au bâtiment B, il est bordé de grands arbres : ce bâtiment est établi sur un terrain élevé de cinq pieds au-dessus du niveau de la porte d'entrée, et domine sur une grande partie du jardin. Du bâtiment on a pour point de vue le pont hollandais T, un grand lac, une prairie émaillée de fleurs et plantée de groupes d'arbres isolés, tels que platanes, peupliers d'Italie, noyers, pacaniers, tilleuls d'Amérique, peupliers, trembles, etc. A droite du bâtiment est une grande prairie, dans laquelle sont placées de grandes masses d'arbres et plusieurs pièces de céréales, près desquelles se trouve le temple de Cérès désigné Q, déesse des moissons et des champs, faisant point de vue au bâtiment ; sur la même prairie, est établie une statue V, représentant Pomone, déesse des fruits, autour de laquelle sont des masses d'arbres à fruit ; à gauche du bâtiment, est une prairie qui se lie par une pente douce au lac, dont les eaux passent sous un pont rustique, traversent le potager, et vont arroser la campagne voisine. La pelouse, en face du bâtiment, du côté de la porte d'entrée, est plantée de masses d'arbres très-touffus, et de quelques arbres isolés ; à l'extrémité est un ha-ha, par dessus lequel on aperçoit la campagne, qui se lie avec le jardin. Le chemin de droite, en sortant du bâtiment, passe sur le pont T, conduisant dans l'île de l'Amitié I, au centre de laquelle est le temple du même nom, qui pourrait servir de salle de bain ; cette île est plantée de groupes d'arbres isolés, tels qu'érables sucres, érables à feuilles de frènes, hêtres pourprés, magnolia, alisiers, sophora du Japon, etc. Ensuite, passant sur le pont chinois N, on traverse une prairie plantée de grandes masses d'arbres, sous lesquels sont placés des bancs pour se reposer ; en continuant, et passant sur le pont M, on arrive au temple de Vénus L, posé sur un rocher d'où l'eau sort avec impétuosité entre les roches, et retombe dans les rivières qui serpentent autour de la prairie ; le pourtour du temple est planté d'arbres isolés, tels que bonducs, bouleaux, liquidambars, micocouliers, etc. ; en suivant le chemin on côtoie la rivière qui, tantôt est cachée par des masses d'arbres, et quelquefois se trouve à fleur d'eau, suivant le mouvement du terrain : on arrive à la salle de danse K, autour de laquelle sont des bancs de gazon, plusieurs arbres isolés sont plantés çà et là dans la salle de danse, on passe sur le pont rustique V, autour duquel sont plantés des arbres isolés, à travers lesquels on aperçoit la rivière qui serpente dans une prairie, plantée d'épines à fleurs doubles, sorbiers des oiseaux, pavia à fleurs jaunes, etc. ; en continuant, on arrive au bâtiment B ; sortant de la salle de danse, et prenant le chemin de droite, on parcourt une partie d'un bois, au bout duquel, avant d'arriver au potager, se trouve une clairière de laquelle on aperçoit le bâtiment à travers une grande quantité d'arbres isolés, dont les branches portent sur la rivière et le lac.

H. Bache, dans laquelle on cultive des myrtes, des kalmia, rhododendrum, acacia, mimosa et autres.

D. Verger.

F. Bassin entouré de gazon.

G. Orangerie.

E. Potager.

C. Basse-cour. En suivant le chemin longeant près le ha-ha, on arrive à la tête d'un massif; le chemin de droite traverse un grand massif d'arbres, et conduit au temple de Fabius S, fils d'Hercule, posé sur un terrain élevé de quatre pieds au-dessus du niveau de la porte d'entrée. Devant le temple est une prairie, plantée d'arbres en massifs et isolés; sur la droite sont plantés des sapins, pins d'Ecosse, pins du lord Weitmouth; et à gauche, des érables jaspés, acacias, triacanthos, etc. Le chemin de gauche, conduit à la salle des Grands-Hommes R : cette salle est entourée de grands massifs d'arbres, et autour sont des bancs pour se reposer; en sortant de ladite salle, on rencontre deux chemins : celui de droite conduit au chemin de ceinture, l'autre conduit à une tête de massif; le chemin de gauche conduit au temple de Cérès, désigné Q, et celui de droite traverse le bois, et conduit au bâtiment russe P, duquel on aperçoit des masses d'arbres parmi les céréales, et le temple de Cérès. En sortant du temple russe, deux chemins se présentent : celui de gauche conduit au bâtiment B, après une promenade extrêmement variée; celui de droite conduit à l'obélisque O, placé sur un tertre, entouré d'arbres isolés : ce monument est aperçu de divers endroits à travers les arbres et les clairières.

N° 22. JARDIN SYLVESTRE.

Ce Jardin contient environ trente-six arpens.

A. Bâtiment du propriétaire, ayant pour point de vue un obélisque T et le temple de Neptune R, posé sur un rocher très-escarpé, d'où l'eau tombe de roche en roche dans différens lacs. Plusieurs chemins conduisent dans diverses grottes dans lesquelles on a mis de la mousse et des glaces pour répéter les eaux qui tombent, soit sur le devant du rocher, ou intérieurement dans la grotte. D'autres chemins pratiqués à travers les rochers, les pins, sapins, conduisent à différentes allées du jardin.

Sur la droite du bâtiment, on a pour point de vue, à travers de très-grands arbres estivaux, le temple de Diane, déesse des forêts, désigné N, posé sur une éminence très-élevée.

Sur la façade du bâtiment, à l'opposé du temple de Neptune, on aperçoit l'île de Calipso, placée dans un lac, entourée de saules pleureurs, peupliers d'Italie. A l'extrémité du lac, au pont G, il y a une très-belle chûte d'eau. Les eaux traversent une prairie plantée d'arbres fruitiers, et coulent à travers le potager.

Promenades du bâtiment au jardin.

Deux chemins se présentent; celui de gauche traverse une forêt plantée de maronniers isolés sur la prairie, à travers lesquels on aperçoit des peupliers épars çà et là. Le pourtour de la muraille est planté d'arbres très-touffus pour la cacher. Arrivé à l'obélisque, deux chemins se présentent; celui de gauche passe au-dessus du temple de Neptune; un pont fait passer au temple. De là, on voit tomber l'eau de cascades en cascades jusques dans le lac. L'autre chemin passe à travers les roches, de la hauteur de douze pieds; et à l'opposé, on voit l'eau passer sous les pieds, et tomber de roche en roche dans différens lacs; de là, on monte par une pente douce et on arrive au chemin de ceinture. Ce chemin conduit à la maison du bûcheron, désigné Q, en avant de la petite fabrique. On y a planté des arbres fruitiers.

Le chemin de droite du bâtiment, fait passer sur un pont rustique; de là se voient trois chûtes d'eau, et une chûte sous le pont, et l'on aperçoit la rivière serpenter dans la prairie. Du pont, on se rend à la salle de Jugatinus, P, Dieu du sommet des montagnes; on l'invoquait aussi quand les nouveaux mariés se juraient la foi conjugale.

Quatre chemins se présentent : celui de gauche va rejoindre le chemin de ceinture et, de là, la cabane du bûcheron.

Le chemin de droite traverse des massifs d'arbres isolés sur la prairie ; au milieu d'eux se trouvent des bancs champêtres. Ce chemin va rejoindre un angle de massifs. A droite , on va au chemin de ronde ; l'autre remonte par un chemin très-escarpé, et va au temple de Diane N.

Promenade du côté du lac. Deux chemins se présentent. Celui de droite fait passer sur un pont chinois, parmi de très-grands arbres , vus du bâtiment. En suivant ledit chemin il conduit à travers les arbres, et près du bord de l'eau, à un des ponts de l'île ; l'autre chemin fait arriver à un carrefour, et en le continuant, on va rejoindre celui de ronde.

Un autre monte très-rapidement au temple N, et celui de gauche à la salle P.

Le chemin de gauche du bâtiment passe au milieu d'immenses peupliers , plantés sur le gazon , et à travers lesquels on aperçoit le lac. Sur la gauche du pont se trouvent différentes allées qui traversent un fleuriste désigné D, avec un bassin au centre et un superbe espalier, avec une serre tempérée, et derrière sont placées des remises et écuries désignées B. En suivant le chemin , on traverse une prairie plantée d'arbres fruitiers ; arrivé à l'angle du bois, on a placé un banc champêtre, et à travers les arbres fruitiers, on voit une chute d'eau du pont en roche G. En suivant le même chemin, on passe sur un pont rustique fait avec des troncs et branches d'arbres. Passé ce pont, on trouve deux chemins ; celui de gauche conduit à l'île d'Amour, plantée d'arbres aquatiques, plantes étrangères, comme azalea, kalmia , rhododendrum , toutes les espèces de roses, et autres, ce qui lie le fleuriste avec l'île. A la tête de l'île, est le temple de l'Amour, et à l'autre extrémité, la figure de Flore. L'autre chemin conduit à plusieurs autres ; le premier à droite, fait traverser une garenne L entourée d'échalats très-resserrés, conduit au potager et va rejoindre le chemin de ronde. En quittant le pont G , un chemin traverse la forêt ; un autre conduit au chemin de ronde ; un autre va rejoindre les différentes fabriques N , P.

H. Potager entouré de fossés avec plantation d'arbres fruitiers.

I. Orangerie, avec deux pavillons aux deux extrémités, et une terrasse sur laquelle on place les orangers pendant l'été. Au bas de la terrasse, on a placé des châssis pour les melons, et autres. Derrière cette orangerie est un petit bâtiment, dans lequel on place les instrumens aratoires ; des dépôts de fumier et poteries se trouvent derrière la grande serre.

Un chemin de ronde passe derrière les dépôts de terres : on a eu soin de bien masquer la muraille.

N° 23. JARDIN PASTORAL.

Ce Jardin contient soixante-six arpens environ.

A. Bâtiment gothique, avec quatre tourelles, entouré d'eau limpide, provenant de différens ruisseaux, pro‑ duits par les rivières et les lacs ; ils traversent la prairie et vont serpenter dans celle qui est au bout du jardin.

Les deux tourelles et une partie du bâtiment ont pour point de vue la bergerie hollandaise, désignée F. Il se trouve à l'entrée de la forêt un autre point de vue. A travers d'immenses peupliers, on aperçoit un moulin à eau , désigné E. Sur la façade de gauche du bâtiment, on voit l'île de Cérès S, avec plusieurs ponts et la campagne qui se lie avec le jardin. On a eu soin de planter autour du bâtiment de très-grands peupliers suisses, dont la teinte est très-forte en couleur, pour faire repoussoir. Les lacs sont bordés de pelouses et d'arbres isolés. Les prairies, en face du bâtiment, sont plantées d'oseraies, pour ne pas masquer la vue du château. Sur le côté des saules pleureurs, des peupliers d'Italie, des bouquets d'arbres aquatiques , variés par leur port et leur hauteur.

Sur le devant du bâtiment, du côté de l'entrée désignée T , est une prairie par-dessus laquelle on voit les voyageurs qui passent sur la route, et à l'angle du mur sur la droite, est une figure représentant l'Amitié. De l'autre côté ce sont les remises et écuries X. Contre les remises est adossée une très-belle serre d'oran‑ gerie U, et sur le devant des châssis est un potager V, dont les murailles sont garnies d'arbres fruitiers.

Promenades. Un parterre, planté d'arbustes les plus rares, se trouve placé dans l'île de Cithère Q, en face du bâtiment. Deux ponts-levis ferment cette île. On passe sur le pont qui est en face de la bergerie F. Deux chemins se présentent. Celui de droite conduit sur un pont gothique en pierre. On trouve deux autres chemins. Celui de droite mène dans le bois, et conduit à une salle B, où sont deux volières, entourées de bancs champêtres, avec des arbustes à fleurs et à odeurs, et de là on parvient à une sortie, où on va rejoindre un moulin par différens ponts. Du chemin qui est en face, on passe à travers les peupliers du Canada et saules pleureurs, et l'on cotoye la rivière; arrivé au premier pont, on aperçoit sur la gauche l'île d'Hébé C. Cette île est isolée et plantée d'arbres de terre de bruyère, et sur les bords des arbres aquatiques. La presqu'île I est plantée de peupliers d'Athènes, de beaumiers de Giléad, de saules marceaux. Une maison de pêcheur se trouve à l'extrémité de la presqu'île. Arrivé au moulin, deux chemins se présentent. Celui de droite est le chemin de ceinture, bien bordé d'arbres destinés à cacher les murailles, et de l'autre côté, des arbres isolés par masses, laissant voir la prairie et quelques masses d'arbres très-touffus; on va de là à un carrefour où se trouve un banc. Le chemin de droite conduit dans un bois très-épais : on arrive sur une éminence d'où l'on aperçoit la campagne qui se lie avec le jardin, et sur la gauche, le temple de Cérès H, entouré d'acacias inermis, glutinosa, érables sycomores, érables sucre, peupliers trembles, etc. Reprenant le chemin devant le pont, on traverse le bois jusqu'au carrefour, où se trouve un banc de verdure, qui a pour point de vue une immense prairie, plantée d'arbres par masses, et à l'extrémité le temple de Cérès. Le chemin de droite conduit à une maison de bûcheron G, entourée de hêtres, chênes, érables, etc. Le chemin de gauche traverse la forêt et va rejoindre le ha-ha, ou saut de loup, d'où l'on aperçoit avec surprise une immense campagne qui se lie avec le jardin. On a soin de s'éloigner du ha-ha, pour ne pas voir les murailles. En continuant la route, on trouve deux chemins. Celui de droite conduit à une maison de garde, qui a une très-belle vue sur la campagne. Cette maison est entourée d'arbres, tels que trembles, tilleuls, bouleaux, etc. Ce même chemin conduit à une porte gothique N, qui sert de point de vue pour le bâtiment et en même temps d'entrée aux voitures pour l'exploitation du jardin. Sur la gauche de la porte gothique, est une porte en bois brut, qui sert de fermeture à un hermitage L, plantée d'arbres fruitiers, de vignes, de céréales, de légumes, de fleurs, avec des parties de gazon, bancs champêtres, petit bois planté d'arbres d'agrément, comme cytises des Alpes, mérisiers à fleurs doubles, épines roses, sorbiers des oiseaux, acacias roses, arbustes, lilas, syringats, rosiers, althea, etc. Ces arbres seraient plantés seulement dans l'intérieur et à l'extérieur de grands arbres forestiers.

M. Retraite avec banc de gazon autour. Après avoir parcouru tous les chemins de l'hermitage, on trouve, au centre, une chapelle gothique qui sert de lieu de repos. Le chemin en face de la porte gothique traverse la forêt, la prairie, arrive à la bergerie; en ouvrant la porte, les moutons, les vaches, les chevaux se répandent dans la prairie, ce qui fait un tableau charmant : en continuant la route on arrive au bâtiment.

Le chemin de droite de la porte gothique traverse le bois et les arbres fruitiers. Arrivé à un angle, le chemin de droite fait traverser les arbres fruitiers, les céréales; conduit à un pont rustique, de là traverse une prairie plantée d'arbres isolés, comme saules pleureurs, peupliers d'Italie, peupliers d'Athènes, etc.; sur la droite de la prairie est un bras de rivière, sur la gauche du pont, est un autre chemin qui borde la rivière, le lac, et va rejoindre le bâtiment.

Le chemin de droite du pont traverse deux presqu'îles. On a, du pont R, le point de vue du bâtiment et une large rivière; et de l'autre côté, la vue d'une rivière, avec un pont qui se trouve à l'extrémité du jardin, et un ha-ha qui laisse voir la campagne, qui se lie avec le jardin, plus la rivière qui serpente dans la prairie extérieure. En quittant le pont, deux chemins se présentent : l'un conduit au potager N, et l'autre est le chemin de ronde, traversant la prairie et allant au bâtiment.

N° 24. JARDIN ROMANTIQUE.

Ce Jardin contient trois cents arpens environ.

A. château gothique. Ce bâtiment se trouve placé à mi-côte.

Le château a pour point de vue, du côté du midi, le village J, le temple de Vénus M, et le temple de Neptune H.

A gauche du bâtiment, on a pour point de vue la porte gothique désignée D; plus deux chutes d'eau tombant sur le côté d'une prairie émaillée de fleurs avec des arbustes sur le bord de la prairie pour le premier plan; sur le second, des arbrisseaux; sur le troisième, de petits arbres à fleurs, et sur le quatrième ; de très - grands arbres, ce qui ferait amphithéâtre ; il y aurait encore à voir un obélisque S.

Le côté à droite, a pour point de vue deux ponts, un lac, une prairie émaillée de fleurs ; sur le devant du lac et sur les deux côtés de la prairie, des arbres isolés et le bord des chemins planté d'arbres très-touffus, et par fois, des clairières laissant apercevoir la prairie, et à l'extrémité un moulin N dont les eaux tomberaient de six pieds sur des rochers qui feraient jaillir l'eau ; et le soleil donnant sur ce point, ferait un effet admirable.

Le côté du bâtiment au nord, a pour point de vue l'île d'Amour, désignée Q, avec une figure représentant l'Amour. Cette île serait plantée de saules pleureurs, peupliers d'Italie, blancs de Hollande, et les chemins bordés d'arbustes à fleurs et à odeur, plantés par masses, et de manière à ne pas apercevoir le chemin opposé.

L'île de Flore N, plantée d'arbres les plus rares. Ces deux îles se trouveraient placées dans un très-grand lac, dont les eaux traverseraient un rocher et iraient se précipiter dans un lac immense.

B. Potager de quatre arpens avec serre chaude et châssis.

C. Basse-cour, remise, écurie et logement du jardinier.

D. Porte d'entrée gothique.

E. Chemin conduisant au bâtiment A.

F. Chemin conduisant à la salle des Grands-Hommes.

G. Chemin conduisant à la bergerie ; vacherie L. En continuant le même chemin, traversant la forêt, on rencontre divers monumens gothiques, tels que tombeaux, vases ; et ensuite on arrive au temple de Neptune H.

H. Temple de Neptune posé sur un rocher d'où il sortirait de l'eau qui retomberait par différentes roches dans un lac plus bas de trente pieds. Autour dudit rocher, il y serait pratiqué différens chemins sinueux, plantés d'arbres verts. Dans lesdits chemins, il y en aurait qui descendraient sous la voûte du temple, et d'autres remonteraient vers le chemin qui fait le tour de la propriété.

I. Temple ruiné aperçu du village.

J. Village au milieu duquel il y aurait un hermitage qui ferait point de vue au château ; ce village serait planté d'arbres d'agrément, et toutes les personnes employées aux travaux de l'agriculture y seraient logées.

K. Temple de Diane, servant de point de vue au temple de Neptune.

L. Bergerie et vacherie faisant point de vue au bâtiment, et derrière cette bergerie on établirait des parcs pour les différentes espèces de moutons.

M. Temple de Vénus.

N. Moulin à eau, dont la chute serait environ de six pieds ; l'eau tomberait dans un lac, ce qui ferait point de vue au bâtiment.

O. Temple de Pomone, déesse des fruits, entouré d'arbres à fruits.

P. Logement du cultivateur.

Q. Ile d'Amour, plantée de peupliers, saules pleureurs et autres.

R. Ile de Flore, où on planterait toutes les espèces d'arbres à fleurs çà et là ; dans la prairie on planterait des saules, des peupliers, des arbres et arbustes qui viennent dans la terre de bruyère.

S. Obélisque placé à la rencontre de plusieurs allées, et faisant point de vue dans la promenade.

T. Salle irrégulière où il y aurait divers monumens tels que tombeaux gothiques et autres.

V. Salle de danse, d'escarpolette, jeu de carrousel, etc.

N° 25. JARDIN, PARC OU CARRIÈRES.

Ce Jardin, contenant sept mille cent quatorze arpens environ, est composé des parcs de Versailles, Trianon grand et petit, d'un jardin sylvestre, pastoral, champêtre, romantique chinois et romantique français.

1. Château de Versailles et dépendances.
2. Jardin avec pièces d'eaux, boulingrins, bosquets, etc.
3. Grand tapis vert, orné de figures.
4. Ile d'Amour.
5. Bassin de Neptune.
6. Grand canal.
7. Grand parc et la faisanderie.
8. Ménagerie des animaux féroces, avec volière.
9. Ménagerie des animaux paisibles.
10. Ménagerie des cerfs.
11. Potager-maraicher.
12. Jardin pour la naturalisation, et pépinière.
13. Grand quinconce; jardin pour les jeux; balançoire; jeux de bagues; salle de danse, escarpolette.
14. Immense jardin pour les pépinières nationales; jardin de botanique; serres chaudes, etc.
17. Potager du Roi.
18. Quinconce d'arbres fruitiers. Toutes ces parties contiennent environ quinze cent un arpens.
15. Jardin anglais, Petit - Trianon, contenant environ quatre-vingt-douze arpens.
16. Jardin français, Grand - Trianon, contenant environ cent onze arpens.

JARDIN SYLVESTRE. Ce jardin contient environ neuf cent soixante-dix-huit arpens; il est bordé par le grand parc de Versailles, à droite par l'un des fossés, et à gauche du point AA, en suivant le chemin AB.

A. Bâtiment principal, ayant pour point de vue le temple de Cérès B, entouré d'arbres fruitiers; et une très-belle prairie.

C. Temple de l'Amitié, entouré d'arbres à fleurs et à odeur.

D. Ancienne faisanderie H. Colosse de Rhodes, servant de point de vue au château, et pour la navigation.

H. Temple de Nérée, Dieu marin, fils de l'Océan.

G. Temple des Nayades, filles de Jupiter. Elles présidaient aux fleuves et aux fontaines.

E. Temple de Messapus, fils de Neptune.

I. Entrée d'une carrière, passant sous le chemin; elle entre dans un lieu très-profond : les extrémités des chemins sont plantés d'arbres verts. Différens chemins se croisent, et vont traverser une immense carrière, au-dessus de laquelle est bâti le temple de Jupiter, désigné K; différens chemins traversent une forêt immense, des prairies, des céréales, des arbres fruitiers. Il y a aussi des lacs, des chutes d'eau, des ponts chinois, hollandais, etc.

JARDIN PASTORAL. Ce jardin contient environ neuf cent cinquante-cinq arpens, il est bordé par le jardin sylvestre, et de l'autre côté du point AB, passe près du village M, en continuant le chemin AD, jusqu'au point AA.

A. Bâtiment.

B. Moulin à eau.

C. Ferme avec une bergerie, pâturages.

D. Rivière souterraine,

E. Hermitage.

F. Cabane de bûcheron.

G. Temple de Nodinus, Dieu qui présidait aux moissons lorsqu'elles germaient.

H. Temple de Napées, nymphes qui présidaient aux prairies et aux bocages.

I. Temple de Cérès, déesse des moissons.

L. École militaire de Saint-Cyr.

M. Callianasse, nymphe qui présidait à la bonne conduite, à la décence des mœurs.

JARDIN CHAMPÊTRE contenant environ huit cent soixante-neuf arpens; il est bordé à droite par le chemin AD et à gauche par le chemin AE.

A. Bâtiment.

B. Prairie plantée d'arbres d'agrément, d'arbres fruitiers, vignes, céréales, forêt; et à l'extrémité du jardin, des moulins à vent.

C. Temple de Pomone, déesse des fruits.

D. Temple d'Andréas, dieu qui présidait à la maturité des grains.

E. Anthée, fameux géant, fils de Neptune et de la Terre.

F. Ecluse pour descendre les gondoles et bateaux dans les parties basses des jardins, et pour passer sous le colosse de Rhodes, et de là au grand canal.

G. Chutes d'eaux de la hauteur de quinze à vingt pieds, dans différens lacs; ponts rustiques, ponts gothiques, avec divers monumens placés à mi-côte, d'où on voit des prairies, des masses d'arbres verts, plantés sur les roches, avec des cabanes de bûcheron, chaumières, etc.

H. Temple d'Arginus. C'était un Grec qui se noya en se baignant. Agamemnon qui l'aimait beaucoup, fit bâtir en son honneur un temple qu'il dédia à Vénus.

L. Village de St.-Cyr.

JARDIN ROMANTIQUE CHINOIS contenant environ neuf cent trente-trois arpens ; il est bordé à droite par le chemin AE, à gauche par le fossé, ensuite par le chemin AF et le pont AA.

A. Bâtiment chinois, placé en face d'un immense lac, entouré par fois de rochers très-escarpés; des allées souterraines de montagnes très-élevées, sur lesquelles il y a des pagodes, des antres, des précipices, des rivières souterraines, des ponts, des obélisques, des fontaines, des statues, des figures, des prairies émaillées de fleurs de toutes les saisons, des tombeaux, des ruines, des bancs rustiques, turcs, chinois, etc.

B. Ponts.

C. Immense lac.

D. Ile de Triopus, fils du Soleil; il donna son nom à un promontoire, et à une ville de Carie. Différentes allées suivent le bord de la rivière et du lac C; d'autre traversent de grands massifs d'arbres et passent sous plusieurs rochers surmontés de pagodes.

F. Ile des roches. Dans cette île se trouve une pagode, sur une montagne très-élevée entourée d'arbres.

K. Ile de Canope, divinité égyptienne, dont les prêtres passaient pour de grands magiciens. Cette île est traversée par plusieurs chemins bordés de grands arbres, avec plusieurs monumens chinois.

Les artistes chinois distinguent trois différentes scènes auxquelles ils donnent les noms de *riantes*, d'*horribles* et d'*enchanteresses*. Cette dernière dénomination répond à ce qu'on nomme scène de romans, etc.

JARDIN ROMANTIQUE FRANÇAIS contenant environ seize cent soixante-quinze arpens ; il est bordé d'un côté par le chemin AE, le point AA, par le grand parc de Versailles, et le fossé du côté de Satoris.

A. Bâtiment principal, faisant point de vue au château de Versailles. Ce bâtiment est entouré d'arbres, ayant point de vue sur une immense prairie : une rivière tombe de chute en chute dans un grand lac.

B. Ferme de Satoris, ayant quatre cents arpens. Cette Ferme est entourée d'arbres à fruits, de prairies, d'une rivière et abreuvoir pour les bestiaux.

C. Lac immense, qui alimente la pièce d'eau des Suisses : au centre du lac, est une île plantée d'arbres aquatiques; au centre de l'île, se trouve le temple de Bel ou Bélus, fils de Neptune et de Lybie, et roi des Assyriens. On rendait les honneurs divins à sa statue.

D. Temple de Diane.

E. Temple de Pomone.

F. Lac recevant les eaux par chute, provenant du lac désigné C.

Au centre du lac, est le temple de la Paix, posé sur un rocher et planté d'arbres verts. L'eau tombe, sur la gauche, de vingt pieds; sur la droite, de quarante pieds; une troisième chute se jette dans un immense lac, au milieu duquel est l'île de Minerve, autrement Pallas, déesse de la guerre, de la sagesse et des arts, fille de Jupiter, avec le temple de la Déesse.

Le dessous du temple de la Paix pourrait servir d'usine pour la formation des canons de fusils, etc. Des chemins pratiqués à travers les roches feraient descendre dans différens souterrains : l'eau tomberait sur des rouages qui feraient mouvoir des objets nécessaires à la confection de ces canons.

G. Temple en ruine.

I. Obélisque.

K. Falacer, dieu des arbres fruitiers.

L. Temple de Fabulinus, dieu qu'on invoquait quand les enfans commençaient à parler.

M. Calchas, fameux devin.

N. Canthos, fontaine proche de Nauplie, où Junon venait se baigner tous les ans pour se purifier.

VUES DU JARDIN, PARC OU CARRIÈRES.

N° 1. Vue du château de Versailles avec une partie du jardin.

N° 2. Vue du jardin sylvestre.

N° 3. Vue du jardin pastoral.

N° 4. Vue du jardin champêtre.

N° 5. Vue du jardin romantique chinois.

N° 6. Vue du jardin romantique français.

N° 26. JARDIN D'AGRÉMENT.

Ce jardin contient un arpent trois quarts.

A. Escalier pour descendre au jardin.

B. Pavillon.

C. Autre pavillon.

D. Pelouse bordée de rosiers de toute espèce; les plus hauts au centre, les moyens et les plus petits sur le devant.

E. Massifs garnis de rosiers sur le devant et d'arbustes sur le derrière, qui ne s'élèvent pas plus haut que six à sept pieds; les autres massifs, garnis d'arbres plus élevés, afin de former un amphithéâtre.

F. Chemin conduisant sous le pont, sous lequel il y aurait des bancs de repos; le même chemin conduirait à la salle de spectacle H.

G. Pont et chemin passant sur le pont.

H. Salle de spectacle.

I. et J. Salles de repos, avec une table au milieu pour mettre les rafraîchissemens.

K. Temple des Muses.

L. M. Cabinets destinés pour l'habillement des acteurs et actrices.

N. Salle de repos, avec un banc de gazon, ayant pour point de vue le temple des Muses.

O. Petit pavillon chinois.

Il y a trois figures placées aux angles des massifs.

La pelouse a été creusée de trois pieds, et les terres ont été transportées pour former les culées du pont et pour élever les massifs sur lesquels le pont est établi. L'allée bordant la salle de spectacle a été creusée à deux pieds en face le pont, et se réduit à zéro à l'extrémité de ladite allée; on a établi trois marches pour monter à la salle de spectacle; et sous le pont, on a formé un puisard pour recevoir les eaux de pluies.

Le propriétaire, homme de goût, voulut avoir un jardin où il y eut différentes dispositions pour les arbres et arbustes, qui demandent les uns le soleil, et les autres le nord, des parties élevées, des parties basses, des allées bien cachées, des fabriques, une salle de spectacle et des chemins faciles.

N° 27. JARDIN D'AGRÉMENT.

Ce jardin contient deux arpens environ.

A. Bâtiment ayant pour point de vue le temple E, posé sur un monticule, entouré d'arbres isolés; une serre d'orangerie, et une figure représentant Diane.

B. Pelouse plantée d'arbres d'agrément; le devant du bâtiment serait garni de fleurs, et sur le devant des massifs on planterait des arbres verts.

C. Salle de repos et bancs de gazon entourés d'arbres d'agrément.

D. Chemin traversant des massifs d'arbres isolés, plantés sur le gazon et allant au temple d'Euterpe.

F. Chemin conduisant du bâtiment à travers le bois très-touffu, à la salle G, où il y aurait un jeu de bague entouré de bancs de gazon.

H. Serre d'orangerie avec vestibule. Différentes figures seraient placées aux angles des massifs.

On suppose ce terrain plat, entouré de murailles.

Pour lui donner un mouvement agréable et le faire paraître plus grand, il faudrait creuser, en face du bâtiment, la prairie de trois pieds au deux tiers de distance du bâtiment et terminer à zéro aux extrémités des allées; les terres seraient transportées sur les allées et les massifs, le long des murailles, pour les cacher à la vue.

Les massifs, à droite et à gauche, seront plantés d'arbres les plus hauts, avec des arbustes très-touffus, comme lilas, syringas, sureaux, sainte-lucie, arbres de Judée, sumacs, etc., de manière à ne pas laisser apercevoir ni les murailles ni les personnes qui passeraient dans les allées bordant la prairie : celles-ci seraient plantées tantôt d'arbres isolés, tantôt de massifs très-touffus pour varier les scènes et faire repoussoir aux différentes fabriques. D'ailleurs, il est des arbres qui demandent de l'air et à être isolés, comme catalpa, etc.

N° 28. JARDINS D'AGRÉMENT.

Ces deux jardins contiennent l'un deux arpens un tiers, et l'autre trois arpens; ils ont été établis sur l'emplacement de carrières qui laissaient de grands vides vers le milieu et en face du bâtiment. Pour éviter la dépense, j'ai cru qu'il fallait placer des ponts, pour lier les buttes ensemble et profiter de cette espèce de cahos, ce qui donne beaucoup de variété dans ces jardins.

A. Cour d'entrée du premier jardin.

B. Seconde cour, séparée de la première par un petit mur d'appui.

C. Bâtiment qui a pour point de vue une prairie émaillée de fleurs, et un pont rustique, sous lequel on doit apercevoir la campagne. Ce pont est entouré d'arbres, arbustes à fleurs et à odeur.

D. Pelouse garnie de fleurs, et sur les côtés des massifs d'arbres d'agrément.

E. Chemin montant par une pente douce par laquelle on arrive à la tête d'un massif. La figure de l'Amour y est placée. Le chemin de droite descend, et à l'angle du mur est un banc rustique fait avec des branches d'arbres. Le premier chemin qui se présente passe sous le pont. Mais avant d'y arriver, on a sur la gauche un vallon et à l'extrémité une figure représentant Diane; autour de cette figure est un banc en gazon. En suivant le chemin qui conduit au petit pavillon L, on trouve un autre vallon dans lequel il y a une figure représentant Egyptus; et à l'angle du massif, est une autre figure représentant Electre. De la figure de l'Amour, on va au pont F, on traverse le bois, et on arrive à la salle G, salle de repos plus élevée que le pont F, entourée de bancs et de grands arbres pour y être à l'ombre.

H. Chemin descendant sous le pavillon L.

K. Chemin descendant au pavillon L.

M. Chemin conduisant du bâtiment à la salle N. Cette salle est entourée d'arbustes et d'arbres à fleurs et à odeur, avec bancs en gazon. En suivant le chemin on trouve une prairie avec des arbres isolés et rares.

A. Cour du deuxième jardin.

B. Bâtiment où il y a trois marches pour descendre dans le jardin.

C. Pelouse plantée d'arbres, arbustes et massifs de fleurs sur le devant du bâtiment. On a trois points de vue, le pont F, la salle G, et le pont en face du bâtiment.

E. Chemin conduisant sous le pont F et sous le pont H, sous lequel il y a une porte pour entrer sous le rocher sur lequel est le pavillon I.

F. Pont par lequel on arrive à la salle G où il y a une tente pour se garantir des grandes chaleurs. De cette tente, en passant sur le pont H, on entre au petit pavillon I.

En sortant du bâtiment on parvient à une salle entourée de bancs de gazon, et bordée de très-grands arbres. En continuant le chemin on arrive à la salle de repos K, au milieu de laquelle est placée une volière. Cette salle est entourée de bancs de gazon et de très-grands arbres à fleurs. A droite en sortant de cette salle, on arrive près d'une grille, de laquelle on aperçoit la campagne.

N° 29. JARDIN D'AGRÉMENT.

Ce jardin contient trois arpens et demi.

A. Bâtiment ayant pour point de vue le temple de Minerve G, et le pont C placé sur des roches sous lesquelles il y a des bancs. On a eu soin de placer en avant du pont une masse d'arbres qui fait repoussoir.

B. Pelouse plantée de moyens arbres, arbustes à fleurs et à odeur.

Partant du bâtiment, le chemin qui borde la prairie passe à travers des massifs d'arbres touffus et des pelouses plantées d'arbres isolés, et conduit au pont C. Après avoir passé sous le pont, on traverse une prairie plantée d'arbres rares; l'on monte insensiblement et l'on est surpris de passer sur un pont D. Ce pont est entouré de très-grands arbres; on aperçoit sur la droite une salle de danse en gazon, désignée I, entourée de bancs aussi en gazon, et sur la gauche se voit un massif qui sépare deux chemins.

Celui de droite est de niveau au-dessous du pont, traverse une prairie, passe au pied du temple G. Le chemin de gauche, désigné H, monte par une pente un peu roide à travers des arbres très-touffus; ce qui fait opposition à l'autre chemin qui traverse la prairie.

En partant du pont D, on descend par une pente douce. Arrivé à l'angle des massifs, on a pour point de vue le temple de Minerve G. En suivant le chemin on arrive à celui des maronniers, désigné E.

F. Chemin traversant les fleurs, les arbustes à fleurs, arbres à tiges et arbustes d'agrément, et de là au temple de Minerve.

G. Temple de Minerve. En suivant le chemin toujours sur la droite, on passe sur le pont C et de là arrivé à K, on trouve le chemin désigné L, qui traverse le bois planté d'arbres plus élevés que les autres pour faire amphithéâtre. Parvenu à la tête d'un massif L, il y a une figure représentant Hyllus, un des fils d'Hercule et de Déjanire. Le chemin de gauche conduit au pont D; celui de droite à la salle de danse; de là aux remises M, et ensuite à la basse-cour désignée N.

O. Porte de sortie.

N° 30. JARDIN CHAMPÊTRE.

Ce jardin contient environ six arpens; il était presque de niveau, excepté à l'endroit où se trouve la source, près de laquelle on a établi le temple de Diane M, sur une éminence élevée de sept à huit pieds au-dessus du niveau de l'eau. Les terres provenant des déblais du lac ont été transportées sur l'emplacement du temple F.

A. Bâtiment duquel on a pour point de vue le temple F.

B. Pelouse plantée d'arbres d'agrément. Sur la droite et sur la gauche, il y a des groupes d'arbres verts isolés, et sur le devant, des massifs de fleurs.

C. Lac au centre duquel se trouve l'île de Flore et le temple du même nom.

D. Chemin faisant le tour du jardin. Les massifs bordant les murailles seront élevés par des terres provenant des déblais du lac, et ensuite plantés d'arbres dont le feuillage cacherait les murs.

E. Chemin bordant la pelouse et conduisant à une salle de repos S, entourée de grands arbres et de bancs de gazon ; de laquelle on a pour point de vue l'île P, et le temple de Flore.

F. Temple d'Idmon, fameux devin, posé sur un rocher, sous lequel est une grotte dans laquelle on entre par le chemin Q, et par la prairie, au point H. De cette grotte on a vue sur le bâtiment et sur la salle K, au milieu de laquelle est la figure d'Hercule.

G. Chemin conduisant du bâtiment au temple F.

L. Figure représentant Diane, posée sur un tertre entouré de peupliers.

N. Figure représentant Hector. Vue de la salle S.

O. Salle de repos entourée de peupliers et de bancs rustiques.

T. Pont hollandais.

V. Pont chinois.

N° 31. JARDIN D'AGRÉMENT.

Ce jardin, contenant sept arpens environ, se trouve à mi-côte. Les parties de droite et de gauche sont très-élevées.

A. Bâtiment ayant pour point de vue le lac B, au bout duquel se trouve un rocher, d'où l'eau tombe de roche en roche dans le lac. Sur ce rocher, on a placé un temple grec G, entouré de saules pleureurs, peupliers d'Italie, d'Athènes, de tilleuls, de ronces à fleurs doubles, cornouillers sanguins, des pervenches, des iris, des rhododendrons, etc.; sur la droite, on aperçoit entre les arbres, le temple de l'Amour D, placé au centre de l'île d'Amour C; et sur la gauche, la figure de Flore F, posée à la tête de l'île de Flore E. Sur la droite du bâtiment A se trouvent plusieurs têtes de massifs composés de très-grands arbres qui annoncent l'entrée d'un grand bosquet, et sur la gauche, une prairie qui s'élève, et au haut de laquelle on a placé un obélisque O, entouré de grands arbres.

Le premier chemin qui se présente à droite du bâtiment, suit le bord de l'eau et traverse une prairie parsemée de fleurs, d'arbustes à fleurs, de peupliers de la Caroline et de saules pleureurs. Arrivé à la tête d'un massif très-épais, le chemin de droite conduit tantôt dans un massif très-touffu, tantôt à travers la prairie, plantée d'arbres isolés, différens de ceux qui les précèdent et des massifs d'arbres, jetés sur la prairie. On aperçoit dans un lieu solitaire un kiosque Q, de là l'on passe derrière le temple, d'où l'on a pour point de vue la campagne qui se lie avec le jardin. En suivant le chemin, on arrive à une figure qui représente Diane de Poitiers. Arrivé à une tête de massif, le chemin de droite forme le chemin de ceinture qui traverse un bois très-touffu. Ce chemin monte assez rapidement et redescend de même. Arrivé au carrefour L, on trouve un fontis assez profond. Le chemin de gauche conduit à la salle K, entourée d'arbres, de bancs de gazon, et au centre plusieurs arbres isolés, tels que sapins pyramidals, etc. Suivant le chemin de droite, on descend jusqu'à la tête du bois, pour rentrer à la maison du bûcheron M, de laquelle on aperçoit la fontaine antique N. Ensuite on descend par une pente douce à travers des arbres très-touffus et l'on arrive à une colonne antique I. Le chemin de droite descend par une pente douce et va rejoindre le bâtiment A; l'autre chemin se trouve à mi-côte, et à une petite distance, on aperçoit, à travers une clairière, le tombeau H, avec un banc de gazon près du monument et des saules pleureurs. En parcourant ce chemin, on arrive à une tête de massif; prenant sur la droite, on traverse les massifs d'arbres et la prairie plantée d'arbres isolés, qui se lient avec les arbres de l'île de Flore. Parvenu un peu en avant du pont, s'offrent deux allées. Celle de droite conduit à une masse d'arbres très-touffus, et ensuite traverse une prairie complantée d'arbres isolés, avec des arbres rares et toujours variés; et de là au bâtiment : l'autre chemin conduit au pont près la figure de Flore F; fait traverser l'île de Flore, plantée d'arbres à fleurs les plus rares. Après avoir passé un second pont, on suit le bord de la rivière planté d'arbres isolés et par masses autour du temple G, afin que le petit chemin qui monte ne soit pas aperçu du chemin de ronde. Arrivé au temple, on trouve une chute d'eau passant sous les pieds, et de là on descend à travers les roches, les saules pleureurs, les peupliers de la Caroline : on traverse la prairie plantée d'arbres isolés d'espèces différentes. Arrivé au pont rustique, et de là dans l'île d'Amour, on trouve le temple D, bâti sur une éminence entourée d'arbres et arbustes très-rares, tels que kalmia, azaléa, rhododendrum, et enfin tous les arbres qui viennent dans la terre de bruyère. Dans cette île, il y a deux chemins; l'un suit le bord du lac B, et l'autre le bord de la rivière. Les arbres et arbustes qui sont dans l'île se lient avec les arbres plantés dans la prairie. Après avoir parcouru les deux chemins, on traverse le pont, et l'on va rejoindre la tête du massif qui est près du bâtiment; on entre dans des taillis épais : le chemin de gauche fait passer dans une prairie plantée d'arbres fruitiers. Ce chemin se trouve à mi-côte, et va rejoindre la tête d'un massif: à très-peu de distance on voit un vase posé sur un piédestal, entouré d'arbres isolés. En détournant à droite, on trouve le chemin de ceinture qui est élevé, garni d'arbres très-touffus et vient rejoindre une salle de repos P entourée de bancs en gazon.

N° 32. JARDIN D'AGRÉMENT.

Ce jardin contient dix arpens environ.

A. Bâtiment ayant pour point de vue le temple d'Euryphile, désigné R, le lac et l'île B.

Ce Temple est posé sur une éminence de cinq pieds, placée dans une prairie émaillée de fleurs, avec des arbustes et des arbres tiges à fleurs. A droite et à gauche du bâtiment A et à la tête du massif, qui va rejoindre la salle, etc., on a planté des arbres dont la teinte est très-sombre, tels que maronniers d'Inde, et autres, pour faire repoussoir; ce qui prolonge le point de vue sur le temple et la campagne.

C. Basse-cour. Le chemin de droite du bâtiment traverse une partie d'arbres très-touffus et conduit dans l'île de Cythère B, en passant sur un pont gothique, entouré d'arbres aquatiques. Les arbres de l'île sont des saules pleureurs, peupliers d'Italie, peupliers d'Athènes, peupliers beaumiers, blancs de Hollande, etc. Le chemin de droite de l'île, cotoyant la rivière, a pour point de vue l'autre bord du rivage. L'autre chemin cotoye le lac et conduit au temple de Cythère désigné D, posé sur un stilobate, élevé de trois pieds au-dessus du niveau du terrain. De là on aperçoit, à travers de très-grands arbres, le temple d'Euclée E, sur un rocher, et en avant un pont chinois. On a eu la précaution de laisser la rivière très-large en face du temple E, les arbres assez éloignés du rivage pour que ce temple se trouve très-éclairé, ce qui fait contraste avec la rivière qui est rétrécie à une certaine distance du temple, pour que les deux monumens se trouvent dans le clair et les eaux également limpides.

Pour sortir de l'île de Cythère, on passe sur un pont hollandais; on traverse une partie de bois et on arrive à une salle de verdure, entourée d'arbres. Sur la pelouse se trouvent des arbres jetés çà et là. On a eu soin de laisser des clairières, l'une sur la prairie, et l'autre sur le lac. En poursuivant sa route, on traverse tantôt la prairie, tantôt des massifs, d'où on entend un bruit de chutes d'eau, on arrive au lieu d'où elles sortent. Le temple E se trouve placé sur des roches, et là on voit l'eau tomber de sept pieds de hauteur. En suivant le même chemin, on arrive à une salle circulaire entourée de bancs hollandais, et de là on aperçoit une rivière très-large, dont les bords et les environs sont plantés de saules pleureurs, catalpas, tulipiers, sophora, etc.; ce lieu est délicieux. Le chemin de gauche très-touffu, parvient à un hermitage I, avec un petit jardin planté d'arbres à fleurs et une pelouse bordée de toutes les espèces de roses, avec un bassin à l'extrémité, et une salle de repos L, entourée de bancs champêtres. De cet endroit, on aperçoit le petit bassin et la prairie émaillée de fleurs; une autre salle L se trouve entourée de grands arbres, et dans un endroit très-solitaire : ce lieu est destiné à la méditation. En sortant on traverse, à gauche du bâtiment I, des massifs d'arbres, et on arrive à une salle de gazon destinée aux jeux, et de là au bâtiment A : mais quand on veut parcourir tout le jardin, on reprend à droite, à l'angle d'un chemin qui conduit à l'île B. On trouve une route qui fait passer tantôt à travers les massifs, tantôt dans la prairie et sur le bord de la rivière; on arrive à cette salle dont il a été parlé, et passé cette salle, on se trouve sur un pont chinois, d'où l'on voit l'eau tomber du souterrain du rocher sur lequel est posé le temple E, et la rivière qui serpente dans une prairie émaillée de fleurs. Du pont, en suivant la même route, on passe devant un ha-ha; de là on aperçoit une campagne qui se lie avec le jardin; en continuant, une tête de massif se présente. Le chemin de gauche traverse de grands massifs et la prairie, et conduit à une salle entourée d'orangers, etc., et plantée d'arbres très-élevés sur le côté du nord; mais au côté du midi, les arbres sont plus petits, pour ne pas priver les orangers du soleil : sorti de cette salle, on traverse les massifs, la prairie et le bord du lac, d'où l'on se rend au bâtiment A ; mais si l'on prend le chemin de droite, étant au ha-ha, on traverse de grands massifs, et on arrive au temple d'Euryphile R, fameuse sybille de l'île de Samos. De là on jouit pour point de vue d'une prairie émaillée de fleurs et de l'aspect du bâtiment A. En suivant le chemin de ceinture, on parvient à une tête de massifs. Le chemin de gauche fait traverser une prairie plantée de massifs d'arbres et conduit au bâtiment A, l'autre chemin fait arriver à une autre tête de massif. Le chemin de gauche conduit au bâtiment, et celui de droite à une salle de danse T, et salon de musique, avec des petits chemins, l'un desquels conduit à une salle où il y a une balançoire V, et l'autre à une salle de repos près le bâtiment dans laquelle on a établi un jeu de boules.

N° 33. JARDIN D'AGRÉMENT.

Ce jardin contient onze arpens environ ; il est bordé de deux côtés par une avenue de platanes.

A. Cour d'entrée.

B. Remises, écuries.

C. Bâtiment principal, ayant quatre marches, pour descendre sur la terrasse.

D. Terrasse de laquelle on descend par neuf marches pour arriver au jardin.

Du bâtiment on a pour point de vue une prairie émaillée de fleurs. A l'extrémité est une rivière qui fait la fermeture du jardin, sur la façade du bâtiment. Une rivière serpente dans la prairie, et vient se jeter dans un lac, désigné F.

G. Ile de Nérée, dieu marin, fils de l'Océan et de Thétis. Il épousa Doris, sa sœur, dont il eut cinquante filles, appellées Néréides.

Cette île est plantée de peupliers blancs de Hollande, peupliers trembles, peupliers noirs, peupliers pyramidals, saules pleureurs ; à l'extrémité une cabane de pêcheur.

E. Chemin traversant la prairie. Il suit le bord de la rivière, planté par fois d'arbres assez touffus pour masquer la rivière, et tantôt assez clairs pour la retrouver ; ses bords sont plantés de peupliers du Canada, peupliers liards et saules pleureurs, etc. De là on arrive au pont romain, désigné O.

H. Chemin traversant de grands massifs d'arbres, et par fois des clairières, sur lesquelles il se trouve des figures appuyées par des massifs. On parvient de là au pont turc. Ce pont se trouve entouré de peupliers d'Athènes et autres ; mais peu d'arbres, pour laisser apercevoir le temple d'Enesa K, une des nymphes de la mer. On aperçoit également le pont romain O. Un des côtés se trouve à l'entrée d'un massif, et va rejoindre le chemin de ceinture, qui se trouve planté, à droite et à gauche, de peupliers, saules pleureurs, saules marceaux, etc. ; de là on arrive à une salle de danse, désignée P, plantée d'arbres très-touffus, et entourée de bancs faits avec des troncs d'arbres et des branches.

M. Pépinières.

N. Chemin faisant traverser le pont chinois J, qui se trouve placé au centre d'une rivière. Ce pont est entouré d'arbustes et de fleurs.

En cotoyant le lac sur la gauche, on entre dans un bois très-épais. Un chemin conduit au pont de roches X et là on a pour point de vue la tour de Gabrielle T, placée sur un tertre, entourée de frênes pleureurs, peupliers du Canada, tulipiers magnolias. En suivant le bord du lac, la partie de droite est plantée d'érables sicomores, érables de Virginie, érables à feuilles de frênes, des mérisiers à grappes, faux ébéniers, arbres de Judée, etc. ; lilas, syringas, etc. ; et le côté du lac, de frênes à la manne, à une feuille, peupliers d'Italie, saules pleureurs. Ces arbres sont isolés sur la prairie et plantés par masses, de là on va rejoindre le bâtiment.

R. Chemin conduisant au carrefour R. Le chemin de gauche traverse un massif très-touffu et va rejoindre le chemin de ceinture ; celui de droite fait passer une partie de bois très-touffu d'où l'on entre dans une prairie plantée d'arbres verts, et où se trouve un tombeau antique, désigné S.

V. Chemin traversant des massifs d'arbustes à fleurs et à odeur ; il conduit à une salle de repos, avec un bassin V, dans lequel il y a des poissons rouges. A la suite de cette salle se trouve une tête de massifs. Le chemin de droite traverse un grand massif planté d'arbres de la seconde hauteur, pour se lier avec ceux de la route. On a eu soin de planter les masses d'arbres isolés sur la prairie, par groupes, tantôt rapprochés des bords des allées, et tantôt éloignés et disposés de manière à ce qu'on ne puisse pas apercevoir d'un chemin à un autre les personnes qui passent.

N° 34. JARDIN FANTASTIQUE.

Ce jardin contient environ douze arpens.

A. Cour.

B. Bâtiment ayant pour point de vue le lac C et l'île d'Androgée P, fils de Minos. Des jeunes gens d'Athène et de Mégare le tuèrent par jalousie de ce qu'il remportait toujours le prix dans les jeux. Sur la droite du bâtiment est une prairie émaillée de fleurs et le lac O, entouré d'arbres isolés et arbustes à fleurs. Sur la gauche on aperçoit une pelouse plantée de massifs d'arbres fruitiers. Le chemin D traverse la prairie bordée de massifs et d'arbres isolés ; passe sur le pont égyptien E, et conduit au temple de Neptune F, posé sur un rocher, d'où l'eau tombe de roche en roche dans le lac C. Ce temple est entouré de grandes masses d'arbres. En sortant du temple le chemin de droite traverse une pelouse plantée d'arbres fruitiers, et sur la droite, près de la muraille est une figure. Prenant à droite du point G, on suit le chemin de ronde bordé de grandes masses d'arbres. Ce chemin monte toujours jusqu'au temple de Jupiter H, élevé de quarante pieds au-dessus du lac ; de ce temple on aperçoit le bâtiment B, entre les grands arbres ; en prenant le chemin de gauche du point G on cotoye le bord du lac planté de peupliers, saules pleureurs, etc. Passant près le pont S, on continue jusqu'au temple H, dont il a été parlé. En sortant du temple, prenant le chemin de droite, on traverse une prairie plantée d'arbres isolés et par masses ; on arrive au pont chinois K, avec un petit kiosque, au milieu duquel on aperçoit la rivière serpentant dans le jardin et dans la campagne voisine ; en continuant le chemin on arrive à la salle de repos champêtre L, derrière laquelle est une figure entourée de grands arbres pour donner de l'ombre. De cette salle on a vue sur la prairie en face, plantée de grandes masses d'arbres et des masses de fleurs, en face de la salle.

R. Chemin passant sur le pont et traversant une île plantée d'arbres isolés ; sur la droite est l'île d'Androgée P, à laquelle on arrive en traversant le pont rustique Q. Cette île est plantée d'arbres rares afin de produire un beau coup d'œil du bâtiment. Le temple du même nom se trouve à l'extrémité de l'île, et entouré d'arbres isolés, et de fleurs sur le côté du bâtiment B.

M. Chemin traversant la prairie plantée de masses d'arbres et d'arbres isolés. On arrive au bâtiment N. Une partie servant de salle de bain et l'autre de gare pour les gondoles.

N° 35. JARDIN D'AGRÉMENT.

Ce jardin contient environ treize arpens.

A. Bâtiment ayant pour point de vue la prairie plantée de masses d'arbres à fleurs, sur le devant, tels que faux ébéniers, Sainte-Lucie, épines-roses, épines blanches, pêchers à fleurs doubles, amandiers de Perse, lilas, syringats, pommiers à fleurs doubles odorant, toujours verts, rhododendrum ponticum, rosiers de toute espèce ; plus le temple de Diane D, le temple d'Hector E. Par-dessus le ha-ha on aperçoit la campagne qui se lie avec la prairie, ce qui augmente le point de vue.

B. Basse-cour, avec remises, écuries, toit à porcs, etc.

C. Chemin traversant les massifs d'arbres et la prairie plantée d'arbres isolés, conduisant au temple de Diane D, posé sur une éminence de dix pieds : le soubassement sert de glacière ; il est entouré d'acacias triacanthos, de bouleaux à feuilles de peupliers, châtaigniers, bouleaux, mérisiers, érables planes, etc. Sur le devant, des cèdres de Virginie, des bouleaux à canot et des arbustes variés. Le derrière du monument est l'entrée de la glacière avec une porte de sortie pour aller chercher la glace. Le chemin qui suit le bord de la muraille est bordé d'arbres très-élevés et très-touffus. Ce même chemin conduit à celui de ceinture, traverse de grands massifs et arrive à la lettre F. A droite est un ha-ha, par-dessus lequel on découvre la campagne qui est très-variée et qui semble faire partie du jardin. Le chemin qui est sur la gauche du temple D conduit à la tête du massif où se trouve un vase. En suivant le chemin de gauche, on traverse la prairie, et l'on voit sur la droite, dans un bocage, une figure T représentant Dirées, fille de l'Achéron et de la Nuit, entourée de peupliers et de fleurs. Cet endroit est garni de bancs champêtres ; sorti de ce lieu, on traverse la forêt et on arrive au temple d'Hector E. Sur le derrière du temple sont plantés des hêtres, vernis du Japon, érables sycomores, et sur le devant des arbustes à fleurs, arbrisseaux. En traversant le taillis et la prairie on parvient au temple d'Hébé G, et là se présente une très-belle prairie plantée d'arbres fruitiers de toutes les espèces.

Le chemin F traverse des grands massifs d'arbres variés et conduit à la chaumière H, dont le terrain est élevé de douze pieds au-dessus de celui du bâtiment, et de là on jouit, par-dessus la muraille, de la vue la plus agréable et la plus étendue possible. En suivant cette route, on arrive à un carrefour. Le chemin M conduit à travers le bois au fleuriste et à la serre chaude R ; arrivé à un triangle, un chemin conduit sur un pont. Par l'autre chemin on parvient au bâtiment A.

I. Chemin conduisant sur un pont rustique, placé sur des roches ; du bâtiment on aperçoit, par-dessous le pont, le temple d'Hébé. Ce même chemin conduit au fleuriste et à la serre chaude, désignée R, et le chemin N traverse le vignoble, les arbres fruitiers, et va au temple G. Du temple, prenant le chemin désigné O, on traverse la masse d'arbres fruitiers et arbres à fleurs ; on arrive au bâtiment A.

S. Potager.

N° 36. JARDIN D'AGRÉMENT.

Ce jardin contient treize arpens environ.

A. Porte d'entrée. Le chemin qui est en face conduit au bâtiment désigné B, et les voitures tournent autour du bâtiment et vont se réunir à C, où sont les remises, écuries, etc.

B. Bâtiment ayant pour point de vue le lac désigné D, avec une île plantée d'arbustes à fleurs, comme althéa, rosiers de toutes les saisons, sécuridaca, chamœcerasus, trifolium, etc. ; avec une figure représentant Flore E. Plus une chute d'eau tombant de six pieds dans le petit lac G. L'eau sort de ce lac à travers les roches et tombe dans un plus grand lac plus bas de douze pieds, ensuite passe sous le pont I, posé sur des roches, et va alimenter les rivières qui serpentent dans la prairie, et former les lacs qui ont été creusés de trois pieds. Les terres provenant du déblais ont été jetées sur les îles. On a planté, pour retenir les terres, des plantards ou branches de saules, et derrière ces plantards, on a mis des fagots qui ont retenu les terres. Les plantards ont poussés : il faut avoir soin de les couper tous les ans, et à l'extrémité des lacs à la partie O ; il convient d'établir une écluse pour l'écoulement des eaux, quand on veut retirer le poisson. Ces eaux se rendent dans un lac que l'on a creusé de trois pieds plus bas que les autres ; par ce moyen les eaux sont toujours limpides et saines.

Toutes ces îles sont plantées d'arbres différens, tous aquatiques. On a eu soin de placer les monumens dans les endroits les plus agréables.

F. Chemin conduisant au rocher au-dessus du lac G.

H. Chemin conduisant au pont I, et traversant de grands massifs d'arbres jusqu'au temple de Junon K, duquel on aperçoit une grande prairie plantée d'arbres.

L. Temple de Viales, divinité qui présidait aux grands chemins.

M. Chemin conduisant du temple L au bâtiment B.

N. Chemin conduisant des remises à la porte A et au temple L.

P. Temple de Faunus, fils de Picus, un des plus anciens rois du Latium. De ce temple on a pour point de vue le bâtiment B.

Q. Pont chinois au milieu duquel est un kiosque.

Nº 37. JARDIN DU ROI.

Ce jardin contient soixante-quinze arpens environ.

Nº. 1. Rue du Jardin du Roi.

2. Rue de Buffon.

3. Boulevard de la Salpêtrière.

4. Esplanade du pont d'Austerlitz.

5. Quai Saint-Bernard.

6. Rue de Seine-Saint-Victor.

7. Jardin bas.

8. Première bande, côté du midi.

9. Entrée par la rue du Jardin du Roi.

10. Grande allée de tilleuls.

11. Allée en terrasse sur la rue de Buffon.

12. Petit bois, planté d'arbres de diverses espèces et de différens climats, divisé par cinq allées.

13. Café public et son jardin.

14. Culture des fleurs annuelles, d'ornement.

15. Culture des plantes bisannuelles et vivaces de parterre.

16. Culture des semis d'arbres et arbustes de pleine-terre.

17. Latrines publiques.

18. Allée des tulipiers de Virginie. (Cette allée forme la ligne de démarcation entre l'ancien et le nouveau terrain qui composent le jardin.)

19. Carré des arbres toujours verts, ou bosquet d'hiver.

20. Allée de mélèze d'Europe.

21. Bosquet d'automne.

22. Allée d'érables à fruit velu.

23. Bosquet d'été.

24. Allée d'aylanthes du Japon.

25. Bosquet du printemps, première partie.

26. Deuxième bande, ou du milieu.

27. Esplanade d'entrée, par le pont d'Austerlitz.

28. Culture des plantes médicinales, pour les pauvres malades.

29. Carré d'étude de botanophiles.

30. Culture de fleurs des trois belles saisons.

31. Bassin enfoncé pour les plantes aquatiques.

32. Quatre glacis, exposés aux quatre points cardinaux, pour la culture des arbustes.

33. Ligne alternative de kœlreuteria, formant boule, et d'épines en parasol.

34. Pépinière d'arbres et arbustes indigènes et étrangers. Cette partie est divisée en plusieurs carrés; pour les marcottes, les boutures, les greffes, les jeunes arbres, les grandes plantes, des planches de terrain de bruyère pour les rosages, d'autres pour les semis en terrines, et pour les repiquages d'arbres verts, ruchier, latrines.

35. Pépinières des plantes vivaces de pleine-terre.

36. Grand bassin pour les plantes aquatiques.

37. Cour des galeries de minéralogie et de zoologie.

38. Troisième bande, ou du nord.

39. Jardin de l'ancienne orangerie.

40. Bassin pour les arrosemens, et réserve pour les plantes nouvelles qui fleurissent.

41. Rampe qui conduit du jardin bas aux buttes; de chaque côté sont des glacis plantés d'ormille.

42. École générale de Botanique; il y a quatre bassins pour les arrosemens.

L'étendue de l'École de Botanique au Muséum d'histoire naturelle est de deux arpens deux tiers. Les plantes qu'elle renferme sont divisées en classes, familles, sections, genres et espèces. Les classes sont au nombre de quinze, sans comprendre les genres incertains. Les familles, ou les ordres, forment un nombre de cent deux. Les genres composent un nombre de quatorze cent vingt-huit à peu près. Les espèces sont en tout de sept mille deux cent soixante-huit. De plus il existe dans ce jardin un grand nombre d'arbres, d'arbustes et de plantes vivaces qui, n'ayant pas encore fructifié à Paris, où ils sont inconnus, n'ont pu être déterminés exactement, et placés dans l'École de Botanique, le nombre de ces derniers s'élève à plusieurs centaines. Enfin les plantes printanières, automnales, les éphémères et les parasites, n'existant que pendant un temps très-court, ne se trouvent point dans la même École, quoiqu'elles existent dans différentes parties du jardin du Muséum.

43. Allée de sophoras du Japon.

44. École des arbres fruitiers de pleine-terre en France; il y a une cabane pour serrer les outils.

45. Allée de platanes du levant.

46. École des plantes employées dans l'économie rurale et domestique des peuples de l'Europe.

47. Allée de catalpas de Virginie.

48. École des travaux, des préparations et des opérations d'agriculture.

49. Allée d'arbres de Judée.

50. Bosquet de printemps, deuxième partie; on y trouve aussi des échantillons des diverses terres, et des différens engrais.

51. Allée en terrasse, donnant sur la rivière.

52. Allée des marroniers, longeant la ménagerie.

53. Ancienne ménagerie des animaux carnaciers.

54. Fosses aux ours, sangliers, etc., etc.

55. Jardin de naturalisation dans lequel il y a un puit et un bassin.

56. Jardin des semis de végétaux de toutes les zones; châssis pour les végétaux de la zone torride; couches nues pour les semis des zones tempérées; châssis en maçonnerie pour la culture des plantes bulbeuses et tubéreuses; serre à la hollandaise pour les jeunes plantes, des semis de végétaux du Cap, de l'Asie mineure, de la Nouvelle-Hollande; gradin à sept étages pour les plantes alpines; planches pour la culture des plantes nouvelles; plate-bande pour les plantes des climats froids.

57. Petite butte, en amphithéâtre, plantée d'arbres verts.

58. Jardin de l'amphithéâtre.

59. Jardin de professeurs, administrateurs.

60. Grande butte, vulgairement nommé Labyrinthe, et plantée d'arbres verts.

61. Cèdre du Liban, planté par M. de Jussieu, en 1736.

62. Kiosque portant un cadran solaire.

63. Chalais.

64. Allée de pins, dominant la rue du Jardin du Roi.

65. Massif de thuyas de la Chine.

66. Jardins de professeurs, administrateurs.

67. Cour de l'amphithéâtre.

68. Cabinet de botanique, laboratoire de zoologie et salle d'administration.

69. Parcs des animaux herbivores de la ménagerie, vulgairement nommés vallée suisse.

70. — des moutons d'Egypte.

71. — des mérinos et moutons du Cap.

72. — des mouflons, bouquetins, gazelles, biches indiennes.

73. — des buffles et des oiseaux aquatiques.

74. — des dromadaires, des cazoars et d'autres oiseaux.

75. — des autruches et des cigognes.

76. — des jeunes faisans et autres gallinacées.

77. Parc des éléphans, bisons et autres.
78. — des zèbres.
79. — des boucs et chèvres.
80. — des daims blancs, noirs et ordinaires.
81. — des axis.
82. — des cerfs du Gange, et de daims.
83. — des moutons de différentes races.
84. — des cerfs et de biches de diverses variétés.
85. — de l'algazelle.
86. — nouveau.
87. Supplément de l'École des arbres fruitiers.
88. Terrain nouvellement acquis.
89. Chemin de ronde extérieur de la ménagerie.
90. Propriété étrangère au Muséum.

RENVOIS AUX FABRIQUES FIGURÉES EN ÉLÉVATION.

91. Grande serre tempérée, de trente-trois toises de long; la partie de gauche du bâtiment renferme les logemens de jardiniers, les ateliers de treillageurs, charrons et autres; derrière se trouve une pompe mue par des chameaux, et qui fournit l'eau à la serre et à la ménagerie.
92. Nouvelle ménagerie des animaux féroces.
93. Façade des galeries d'histoire naturelle.
94. Cabane des cerfs du Gange, et autres.
95. Amphithéâtre pour les cours publics.
96. Retraite des buffles, et au-dessus des bouquetins.
97. Fabrique à quatre pavillons en croix, avec colombier.
98. Chaumière des zèbres.
99. — des moutons mérinos et du Cap.
100. — russe pour les chamois, bouquetins, etc.
101. — des autruches et cazoars.
102. — arabe pour les chameaux.
103. — pour les boucs.
104. Façade de la grille d'entrée, par le pont d'Austerlitz.
105. Pavillons du portier.
106. Corps-de-garde.
107. Ancienne orangerie. Au-dessus d'elle, derrière une terrasse, se trouve la lanterne des cierges du Pérou, et les serres des plantes de la zone torride.
108. Serre voûtée.
109. Serre froide, et au-dessus serres de plantes grasses ou succulentes.
110. Serre des arbrisseaux des tropiques et des plantes alpines.
111. Serre des outils de l'École de Botanique.
112. Serre des plantes de la zone torride, ou serre Buffon.
113. Vue en perspective de la grande butte et du kiosque qui la termine.
114. Vue en perspective de la petite butte.
115. Chaumière où se font les emballages des jeunes plantes, et où se trouvent les dépôts de terre.
116. Cabane des daims noirs.
117. — de l'algazelle.
118. Café-public.
119. Cabane propre au nouveau parc, n°. 86.
120. Grande rotonde servant d'écurie à l'éléphant et autres herbivores des pays chauds.

RENVOIS AUX BATIMENS FIGURÉS SUR LE PLAN.

121. Maison de professeur et du garde des galeries.

122, 123, 124 et 125. Maisons, cours et jardins d'autres professeurs.

126. Cour et écuries.

127. Cour dite de la Régie. Le bâtiment de droite est le Cabinet d'Anatomie comparée; le bâtiment de gauche, sert de logement à des aides-naturalistes et aux employés du Muséum.

128, 129 et 130. Maison et jardin d'un professeur, atelier de serrurie et autres.

131. Ménagerie des singes et volière des oiseaux des pays chauds.

132. Volière pour les oiseaux de proie.

133 et 134. Maison particulière.

Ce jardin, ainsi que les bâtimens et fabriques, ont été exécutés d'après les plans et sous la direction de M. le chevalier Molinos, inspecteur-général des travaux publics de Paris, architecte de la ville, etc.

N° 38. JARDIN D'AGRÉMENT.

Ce jardin contient vingt arpens environ.

A. Porte d'entrée, avec deux pavillons destinés pour le portier.

B. Chemin bordé de très-grands arbres, conduisant au bâtiment C.

C. Bâtiment placé sur une éminence, entouré de pelouses émaillées d'arbustes à fleurs et fleurs, ayant pour point de vue, du côté de D, une prairie qui se lie avec la campagne, ainsi que du côté de S; du côté de la pelouse F, à l'extrémité est une serre d'orangerie et deux baches G; et sur la gauche une pelouse sur laquelle sont établis le temple de la Gloire T, et une volière U. Ces objets sont placés sur des éminences, et les prairies sur lesquelles sont établis les monumens ont été creusées; les terres ont été placées sur les massifs d'arbres et arbustes, ce qui donne au terrain de la variété et de l'étendue.

S. Chemin traversant les massifs de fleurs et d'arbres; il conduit au temple de la Gloire T, au-devant duquel on a placé des arbres verts pour faire repoussoir, et autour du temple, des arbres à tiges et arbustes à fleurs. En suivant ce même chemin, on arrive à une figure R autour de laquelle se trouvent des bancs champêtres entourés d'arbres plus élevés que les précédens. Sorti de cet endroit, on traverse une prairie plantée d'arbres isolés avec des massifs placés sur la pelouse, qui empêchent d'apercevoir toute l'étendue de la prairie, varie la promenade et conduit au temple de Cérès Q. Le chemin P traverse une grande partie de pelouse plantée de masses d'arbres isolés, et conduit au bâtiment C.

K. Chemin traversant un bocage très-touffu, conduisant à une salle de repos désignée L, entourée de bustes représentant les grands hommes : cette salle est élevée de quatre pieds. Passé cette salle, on se trouve dans un carrefour; le chemin de droite fait arriver à une pelouse concave, désignée O. Deux figures placées aux deux extrémités seraient entourées d'arbres variés, avec des bancs champêtres, etc.

N. Chemin conduisant aux châssis et serres chaudes. Ce même chemin conduit au chemin de ceinture, qui, en le suivant, fait traverser un taillis très-épais, et après avoir passé par le temple Q, conduit à une salle irrégulière désignée X, entourée de bancs et chaises. Arrivé derrière le temple de la Gloire T, il y a deux chemins; l'un est le chemin de ceinture qui passe devant le ha-ha et conduit à une salle dans laquelle il y a un groupe de figures désigné V. En sortant il y a deux chemins, l'un conduit au bâtiment, et l'autre passe devant le ha-ha, et conduit à la porte d'entrée et de là aux remises et écuries H.

N° 39. JARDIN D'AGRÉMENT.

Ce jardin contient vingt-un arpens environ.

A. Porte d'entrée, avec le logement du portier et du jardinier.

B. Bâtiment ayant pour point de vue une immense prairie, plantée sur le devant d'arbres verts, et le temple de la Concorde E, placé sur une éminence de cinq pieds, entouré de vernis du Japon; sur la gauche du bâtiment on a pour point de vue un lac, plus l'île de Flore, désignée L ; et sur la droite, une prairie qui se lie avec la campagne. En face du bâtiment, une rivière serpente dans la prairie et un ha-ha laisse apercevoir la campagne.

C. Chemin conduisant au temple de la Concorde E. Ce chemin est bordé d'arbres très-touffus ; il est élevé de quatre pieds, jusqu'au deuxième C, et descend par une pente douce jusqu'au ha-ha qui se trouve sur la droite, de là on jouit d'un point de vue très-agréable ; sur la gauche du ha-ha se trouve une prairie renfoncée, et les arbres d'alentour sont placés sur une éminence, ce qui rend cet endroit solitaire. On a formé des bancs de gazon irréguliers. Sorti de ce lieu, on arrive à un angle de massif ; sur la gauche on aperçoit une figure représentant Epigies, nymphe de la Terre, posée sur un tertre, sur lequel il y a des arbres isolés entourés de bancs champêtres. On trouve à la tête du bois, deux chemins ; celui de droite est tantôt élevé et éloigné de l'eau, tantôt à fleur d'eau, quelquefois masqué par des arbres et arbustes. L'île F se trouve presqu'à l'extrémité de la rivière ; elle est plantée de saules pleureurs et peupliers, par groupes : on a placé sur cette île le temple de Plutus, dieu des richesses. On traverse un bois très-touffu, et on arrive à un pont chinois C, qui, de là, laisse apercevoir le plus beau point de vue qu'il soit possible de voir ; sur la droite, deux rivières viennent se précipiter dans un lac. A la naissance de ces deux rivières, on trouve le temple de Mars G, entouré de peupliers, blancs de Hollande, saules pleureurs, saules ordinaires, trembles, etc. ; sur la gauche se voit un immense lac, dans lequel est une île au milieu de laquelle est placé le temple de Consus H, dieu du conseil. Cette île est plantée d'arbres aquatiques, par groupes. Une autre petite île se trouve isolée dans le lac.

Passé le pont on aperçoit une tête de massif. Le chemin de gauche traverse la prairie, suit le bord du lac. Avant d'arriver à une autre tête de massif, on traverse un bois très-touffu qui cache le lac : une très-grande prairie se trouve sur la droite avec des arbres isolés, et des massifs d'arbres et arbustes, qui empêchent que l'on n'aperçoive le chemin de ronde qui est plus élevé de huit pieds au-dessus de celui qui borde la rivière. Le chemin de droite, que l'on a laissé pour suivre le lac, s'élève de la naissance de la tête du massif, traverse un bois très-touffu, et va rejoindre le chemin de ceinture qui est élevé de huit pieds, conduit à un pont gothique qui se trouve à l'extrémité du lac. De la première tête de massif, on trouve le chemin de droite qui fait arriver à une autre tête de massif : le chemin de gauche fait passer à travers une prairie qui se trouve dans le commencement renfoncée, et s'élève, à peu près, au tiers de la naissance de ladite prairie et arrive à une salle très-élevée ; de là, à travers les arbres, on aperçoit la campagne et une partie du jardin. Cette salle, désignée I, est entourée de bancs et de figures ; à l'extrémité de la salle est un chemin qui descend et va rejoindre le chemin de ceinture, dont nous avons parlé plus haut. Arrivé à une tête de massif le chemin de gauche conduit au pont gothique, dont nous avons parlé ; et le chemin de droite, qui est le chemin de ceinture, traverse une prairie, plantée, sur la droite, d'arbres isolés ; de l'autre côté, des massifs d'arbres et arbustes jetés par groupe. Ce même chemin traverse une prairie plantée d'arbres par masses, à travers lesquels on aperçoit une petite île entourée d'arbres aquatiques, et au centre une figure représentant Euphrosine, l'une des trois Grâces. Passé cette prairie, on trouve un chemin qui traverse le bois, fait passer devant la basse-cour désignée M. Le chemin de gauche conduit sur un pont hollandais, de là au bâtiment. L'autre chemin fait passer devant la porte d'entrée désignée A, passe sur un pont rustique : de ce pont on aperçoit le bâtiment et la campagne ; puis on arrive à un triangle planté d'arbres et arbustes. Le chemin de droite est celui de ceinture ; il traverse la prairie, et l'autre conduit au bâtiment B. Le chemin de gauche du bâtiment traverse deux massifs d'arbres, cotoye la rivière, et conduit dans l'île de Flore, désignée L, plantée d'arbres tiges, arbustes et arbrisseaux à fleurs, avec une figure représentant Flore, déesse des fleurs. Sorti de cette île, on suit le bord de la rivière ; on arrive à un massif : le chemin de droite fait monter à travers un bois très-épais, à une salle de repos, désignée K, entourée de bancs champêtres ; au centre de cette salle est une figure représentant Diane, déesse des forêts. On aperçoit à travers les arbres une très-belle vue, comme étant élevée de vingt pieds au-dessus du niveau du bâtiment. Sorti de cette salle, on traverse le bois et on arrive à l'île H. En sortant de cette île, le chemin de gauche conduit au pont chinois C, et avant d'y arriver on a un chemin sur la droite qui traverse le bois très-épais et la prairie plantée de massifs d'arbres isolés. Prenant le chemin de droite sortant de l'île, on traverse une prairie plantée d'arbres isolés : arrivé à l'angle d'un massif, le chemin de droite suit le bord du lac à fleur d'eau, et va rejoindre le pont gothique : le chemin de gauche, qui est à mi-côte, arrive à un carrefour planté d'arbres très-touffus : ce chemin conduit à la salle de Diane K ; et celui de droite conduit au pont gothique, tandis que le chemin qui est en face fait descendre dans un vallon planté d'arbres variés, suit le bord de la rivière et conduit au bâtiment.

Nᵒ 40. JARDIN D'AGRÉMENT.

Ce jardin contient quarante arpens environ.

A. Porte d'entrée et logement du portier.

B. Bâtiment placé sur une éminence et duquel on aperçoit une prairie, au bout de laquelle est le lac D.

Sur la droite du bâtiment est un chemin qui conduit au temple de Mars, désigné F. Avant d'y arriver on traverse deux masses d'arbustes à fleurs. Arrivé à une tête de massif on trouve sur la droite un chemin qui traverse la prairie, fait arriver à un pont chinois et au chemin de ceinture. Du pont on aperçoit une rivière qui serpente dans la prairie, tantôt masquée par des arbres et tantôt aperçue : ce qui excite l'intérêt; car il ne faut pas tout voir d'un seul coup d'œil. Passé le pont on arrive au temple de Mars F , placé sur une éminence entourée d'arbres, arbustes et quelques arbres isolés pour varier la scène. De ce temple on aperçoit la rivière dans une plus grande étendue, qui est tantôt large, tantôt plus étroite. La partie la plus large est proche le monument. Il faut planter le moins d'arbres possible, afin que l'eau paraisse limpide. Passé le pont, en suivant les murailles bien masquées d'arbres, on traverse les massifs. Arrivé à une tête de massif le chemin de droite est celui de ronde, qui quelquefois traverse la prairie, les masses d'arbres, et arrive à différens points de vue sur la campagne; fait passer sur un pont rustique. Arrivé sur ce pont on découvre un très-beau lac, et au centre une île K plantée d'arbres et arbustes : la prairie qu'on aperçoit est plantée de groupes d'arbres opposés les uns aux autres. Parvenu à une tête de massif, un chemin conduit au temple grec G, qui n'est aperçu que du bâtiment ; celui de droite traverse la prairie : afin qu'il ne soit pas aperçu du bâtiment, dont il est très-près, il a été creusé d'un pied; traverse un bois très-épais et arrive à un angle de massif : le chemin de gauche conduit au bâtiment, et celui de droite traverse une prairie plantée d'arbres isolés. A gauche, passé les arbres isolés, on aperçoit le bâtiment et sur la droite la campagne qui se lie avec le jardin. Dès qu'on a passé le bâtiment on entre dans le bois : on arrive à différens chemins ; l'un va à la porte d'entrée, l'autre au bâtiment; l'un aux écuries et l'autre vers le pont chinois.

De la droite du bâtiment, à l'opposé de la lettre R, le chemin de gauche traverse la prairie, près la rivière; il traverse des massifs, entre dans le bois et à la tête du premier massif : le chemin de gauche laisse apercevoir une prairie plantée d'arbres isolés, par masses; une figure représentant l'Amitié est posée sur une éminence entourée de peupliers. En suivant le chemin qui conduit au bâtiment, sur la gauche, est un obélisque entouré de masses d'arbres. Cet obélisque est aussi sur une éminence, et aperçu du bâtiment : en suivant le chemin on arrive au bâtiment.

S. L'allée qui est sur la gauche du bâtiment traverse le bois. A partir de la tête du massif, le chemin qui est à la suite est très-montueux et conduit à différentes salles, désignées L, et de là au temple grec G.

Du bâtiment on aperçoit différentes allées : les unes font monter à différentes salles élevées. D'autres chemins traversent la prairie, la forêt et vont au pont hollandais I. Reprenant le chemin qui borde le lac sur la gauche, on arrive à une tête de massif. Le chemin de droite monte à une salle désignée P, élevée de quinze pieds au-dessus du lac, entourée de bancs et de figures. De cette salle, entre les arbres, on découvre la campagne, le bâtiment et le temple de l'Amour K, placé dans l'île de ce nom. Cette île est liée à une autre île par un pont, et un autre pont conduit au chemin de ceinture.

Nᵒ 41. JARDIN D'AGRÉMENT.

Ce jardin contient vingt-six arpens environ.

A. Porte gothique.

B. Grange.

C. Pressoir turc.

D. Colombier gothique.

E. Four.

F. Écuries et remises.

G. Basse-cour.

H. Lac, avec l'île de Delos, ou naquit Délié, surnom de Diane. Cette île est plantée d'arbres aquatiques.

Le bâtiment I se trouve sur un terrain plus élevé que la porte d'entrée ; il est placé entre des prairies plantées d'arbres et d'arbustes à fleurs. Le premier chemin de droite, qui conduit au bâtiment, traverse le bois et quelques arbres fruitiers : le deuxième à droite, fait traverser le verger R, et arrive à une tête de massif. Le chemin de gauche traverse les arbres fruitiers et conduit au bâtiment, et celui de droite le long d'un superbe espalier. Arrivé à un ha-ha, le chemin de gauche est bordé d'arbres d'agrément, sur la pelouse, afin de masquer les arbres fruitiers, ce qui fait variété. En suivant le chemin, on traverse une prairie qui laisse voir le bâtiment, sur la gauche et sur la droite on aperçoit la campagne par-dessus les ha-ha. Parvenu à une tête de massif, le chemin de droite fait arriver à une salle de repos K, entourée de bancs, au milieu de laquelle il y a une volière. L'autre chemin conduit à un carrefour bordé d'arbres très - touffus : le chemin de gauche conduit au bâtiment; celui de droite va rejoindre le pavillon chinois P posé sur un rocher, sous lequel on a placé des glaces qui répètent la campagne et le jardin. Des escaliers font monter à travers les roches, au pavillon chinois P; de là on jouit de la plus belle vue possible. Revenant au chemin du carrefour, celui qui conduit à la cabane des cignes désigné &, a été creusé d'un pied, pour ne pas être-aperçu du bâtiment. Arrivé à une tête de massif, le chemin de gauche fait traverser sur la droite un massif très-épais ; de l'autre côté, ce sont des arbres isolés. Sur la prairie, on aperçoit la rivière, la prairie et le temple d'Agénor O. Arrivé au pont chinois, placé sur des roches, on a sur la droite, pour point de vue, le lac L, entouré de saules pleureurs, peupliers d'Italie, saules ordinaires, etc. Avant d'arriver au pont, est un chemin qui conduit à un carrefour. De ce carrefour on rencontre sur la gauche le chemin qui conduit au pont. Celui de droite va au rocher P; celui qui est en face traverse la prairie, suit le bord du lac, sur la droite, à travers des peupliers qui sont isolés sur la prairie; on aperçoit un obélisque désigné M, placé sur une prairie qui n'est aperçue que de ce seul endroit. En suivant ce chemin, on traverse le bois, et on arrive à une tête de massif : le chemin de gauche fait passer sur un pont gothique et de là on voit un lac entouré d'arbres variés. A l'extrémité se trouve le temple de la Concorde N, posé sur un rocher : trois sources sortent du dessous du temple, pour alimenter les lacs. Le temple fait point de vue à la porte égyptienne A, le temple chinois fait point de vue à la porte triomphale, désignée Q. Le chemin qui passe à côté du temple de la Concorde, conduit à la porte égyptienne Q. Un chemin traverse le bois très-touffu, et conduit à la porte triomphale. Arrivé là, le chemin qui est en face traverse un bois immense, puis conduit à différens chemins : l'un passe au-dessus du second lac, fait passer dans une presqu'île, et va rejoindre le pont gothique; un autre conduit au temple d'Agénor O, faisant point de vue au château, un autre sur le pont chinois. D'autres traversent différens massifs d'arbres. On revient au château. Du château, le chemin de gauche fait passer sur un pont en roches, ayant sur la droite un immense lac L, entouré d'arbres aquatiques et variés, et à gauche un lac où se trouve l'île de Delos H. Le chemin de gauche fait traverser un bois très-sombre. Arrivé à un triangle, au centre, on trouve un tombeau X. En suivant le chemin, on traverse la forêt et la prairie. Parvenu à une tête de massif, on détourne à gauche, on traverse un bois, et on arrive à un ha-ha qui laisse voir la campagne. Du château on passe devant la basse-cour G. Le chemin qui est en face, conduit à travers des arbres isolés et plantés par groupes. On suit le bord d'un lac qui conduit au bâtiment. En poursuivant le chemin, on passe devant le colombier gothique et le pont turc. A partir des remises, le chemin est bordé d'arbres fruitiers, et les murailles qui sont au nord sont bordées d'arbres d'agrément qui se lient avec ceux qui laissent apercevoir le bâtiment.

V. Potager.

S. Orangerie.

N° 42. JARDIN FANTASTIQUE.

Ce jardin contient deux cents arpens environ.

A. Porte d'entrée avec deux pavillons.

B. Bâtiment en colonnades, ayant en face le lac K, à gauche une prairie qui se lie avec la campagne, à droite on a pour point de vue un lac, une prairie plantée d'arbres par masses; à l'extrémité un ha-ha.

C. Pont en roches entouré de peupliers d'Italie et de saules pleureurs. Passé ce pont on trouve une figure représentant Diane G, placée à la tête d'un massif. Le chemin de gauche conduit au pont D.

D. Pont chinois conduisant dans l'île d'Amour E ; le chemin est bordé d'arbustes à fleurs et à odeurs, et sur les bords de l'eau des sophoras, des tulipiers, catalpas, des peupliers d'Italie.

F. Temple de l'Amour ayant pour point de vue le temple H. Passé l'île on traverse un pont hollandais et on arrive à une tête de massif. Le chemin de gauche fait traverser la prairie plantée d'arbres à fleurs. Par les clairières on a des points de vue sur la grande île N, plantée d'arbres isolés et par masses, de manière que, d'une allée à une autre, on ne s'aperçoive pas, ce qui agrandit infiniment le terrain. Il faut avoir soin de placer, dans les endroits les plus agréables, des bancs ou des canapés. En suivant la promenade on arrive au temple des Horaces H, posé sur un rocher sous lequel est la décharge d'eau. Le chemin de droite conduit directement, en traversant la prairie et les massifs d'arbres, au temple de Cérès désigné &, entouré d'arbres à fruits. Le chemin de droite est le chemin de ronde qui traverse de grands massifs. On arrive au temple de Diane Y, posé sur une éminence de six pieds, et faisant point de vue au bâtiment. Arrivé à G est une figure représentant Diane. Le chemin de droite conduit sur le pont gothique R ; de là on voit la rivière qui serpente dans la prairie plantée d'arbres aquatiques variés. Ensuite on traverse un bois très-épais où se trouve une salle de repos avec des bancs rustiques, et de là on arrive au bâtiment. Le chemin de gauche traverse le bois, le pont rustique S, et suit le bord de la rivière. Arrivé à la grille d'entrée A on a pour point de vue le temple de Minerve désigné M, posé sur un tertre très-élevé et entouré d'arbres verts. Une tête de massif forme l'embranchement de deux chemins. Celui de droite suit le bord de la rivière, fait traverser la salle de repos; de là on arrive au château.

L'autre chemin traverse un bois très-épais et conduit au bâtiment. Du bâtiment le chemin de gauche conduit à une tête de massif. A gauche est une salle pittoresque avec des bancs. Le chemin qui est en avant de la salle, est bordé d'arbres et arbustes à fleurs, traverse la prairie. On a eu soin de creuser le chemin pour que l'eau du lac se lie avec la prairie. De là on arrive au pont désigné O, duquel on a pour point de vue une immense prairie traversée par une rivière qui serpente. Les arbres plantés autour du pont font avant-scène pour le temple des Horaces H. Là se trouve un chemin traversant la prairie, le pont hollandais, entrecoupé de saules pleureurs et de peupliers d'Athènes : il conduit au temple H. Le chemin de gauche suit la muraille, bien bordée d'arbres pour la masquer, et après avoir parcouru une partie du bois on trouve une clairière qui laisse apercevoir le pont désigné O. C'est sous la masse de peupliers qui borde la rivière qu'on doit placer un banc pour jouir de cette vue. En suivant le chemin on arrive à un autre banc, à la tête d'un massif désigné L, qui a pour point de vue, à travers une prairie, le temple désigné M. Enfin on arrive à une tête de massif. Le chemin de gauche conduit à la salle de repos et de là au bâtiment. L'autre chemin fait traverser la prairie, le bois, et revient à la grille d'entrée. On passe sur le pont S, de là aux remises et écuries T, desquelles on aperçoit l'obélisque Q, placé au milieu d'une prairie plantée d'arbres et arbustes variés.

U. Orangerie.

V. Hangar destiné pour les poteries et les ustensiles aratoires.

X. Potager.

Y. Lac.

N° 43. JARDIN D'AGRÉMENT.

Ce jardin contient environ vingt-huit arpens.

Le bâtiment C se trouve sur un terrain très-élevé. On a pour point de vue le temple de Mars, désigné T, élevé de dix pieds au-dessus du niveau du lac ; en face du bâtiment une très-forte masse d'arbres divise une grande prairie, et sur la gauche on aperçoit une prairie avec un ha-ha qui lie la campagne avec le jardin ; à droite du bâtiment on voit un lac qui se trouve au bas du vallon ; un ha-ha par-dessus lequel on aperçoit la campagne voisine, et le temple grec H entouré d'arbres isolés.

A. Porte d'entrée avec deux pavillons et un ha-ha de chaque côté.

B. Chemin traversant la pelouse bordée d'arbres verts, et conduisant au bâtiment C.

Le chemin de droite du bâtiment traverse de grandes masses d'arbres et la prairie. Arrivé à une tête de massif, le chemin de droite conduit à un pont rustique K ; de là on aperçoit la rivière qui serpente à droite et à gauche à travers des saules pleureurs, peupliers, etc., jetés par masses. Le chemin de gauche fait traverser la prairie. Différentes masses d'arbres se trouvent isolés sur la prairie, forment des groupes, au centre desquels on a placé des bancs, des figures, qu'on aperçoit quelquefois à travers les arbres. Arrivé à une tête de massif, près le pont S, le chemin de droite conduit au chemin de ceinture. Celui de gauche conduit à une tête de massif. A droite, un chemin côtoye la prairie, dans laquelle on a jeté des groupes d'arbres ; on aperçoit, à travers, le temple de Mars T. On entre dans la forêt. Deux chemins se présentent. Celui de gauche traverse des massifs très-épais, et celui de droite conduit à une salle de repos U, entourée de bancs champêtres ; au centre, une figure représentant Diane. Sorti de cette salle on passe deux allées, on traverse la prairie, le bois, et de là on arrive au bâtiment C. Le chemin de gauche du bâti- ment conduit à une tête de massif. Le chemin de droite traverse la prairie et des masses d'arbres. Un autre chemin conduit à la deuxième salle désignée U, au centre de laquelle il y a une figure représentant Mé- léagre. Le chemin de gauche, partant du bâtiment, traverse le bois. Un chemin conduit à la salle U, dont nous avons parlé, et ce même chemin va rejoindre celui de ceinture, qui conduit au pont en roche, désigné R. On jouit, sur ce pont, d'un point de vue charmant ; à gauche est la campagne. Une partie du ha-ha a été masquée parce que ce côté n'était point agréable. A droite du pont est un lac, avec une île plantée d'arbres de toutes espèces. A gauche est la tour gothique P, placée au centre de l'île. Passé le pont, on traverse la forêt, la prairie, dans laquelle on a planté des arbres isolés. Autour du pont on a mis des bancs en gazon pour jouir de la vue du lac. En suivant le chemin on arrive au pont chinois, désigné N, avec des bancs de chaque côté du pont, pour jouir du lac et du rivage. On peut de là aller se promener dans l'île et à la tour gothique. Sorti de cet endroit délicieux on traverse la forêt, la prairie, le bord de la rivière, et on arrive à la lettre I. Le chemin de droite conduit au pont rustique, duquel on aperçoit le temple chinois L, entouré d'arbres isolés, et sur la gauche se trouve un ha-ha. On traverse la prairie. Arrivé à une tête de massif, le chemin de gauche coupe la forêt, fait passer sur un pont hollan- dais ; et de là à F. Le chemin de droite, partant du ha-ha, traverse le bois, arrive à une clairière qui laisse voir le temple grec H, posé sur une éminence, entouré de tulipiers. Le chemin qui coupe la prairie se trouve dans un fond et n'est pas aperçu du temple H, qui conduit au pont hollandais ; l'autre chemin fait passer sur un pont turc, dont la vue est admirable ; on traverse le bois et on arrive au bâtiment. Le chemin D est celui de ceinture ; il conduit aussi aux remises et écuries E.

N° 44. JARDIN D'AGRÉMENT.

Ce jardin contient trente-deux arpens environ.

A. Porte d'entrée avec deux pavillons.

B. Chemin conduisant au bâtiment C. Ce bâtiment se trouve dans un vallon. Une pente douce en gazon, ornée de fleurs près le bâtiment, est arrêtée par un immense lac, avec différentes rivières qui serpentent dans plusieurs prairies bordées d'arbres précieux, et par masses. On voit plusieurs autres groupes d'arbres, arbustes et arbrisseaux. Au centre du lac U est l'île de Nérée T, dieu marin, plantée d'arbres aquatiques et variés ; et au centre de l'île le temple du même nom. Deux issues font traverser le lac pour aller dans cette île par le moyen d'un va-qui-vient ; l'une des issues est près de la salle désignée I ; l'autre près du temple chinois N. Ce temple est aperçu à travers les arbres qui sont en avant et placé sur une éminence, de ma- nière à dominer sur le lac, et former point de vue pour la salle I. A droite du bâtiment est une prairie plantée d'arbres, les uns isolés, d'autres par groupes, avec des arbrisseaux et arbustes à fleurs. Au centre des massifs se trouvent des arbres forestiers ; à l'extrémité de la prairie un ha-ha qui laisse voir la cam- pagne qui se lie avec le jardin. Sur la gauche du bâtiment est une prairie qui s'élève assez rapidement, et à l'extrémité un piédestal sur lequel il y a un groupe de figures.

D. Différens chemins. L'un traverse la prairie, la pelouse, et va rejoindre le pont chinois E, sur lequel il y a une petite fabrique, lieu de repos. De là on aperçoit plusieurs rivières qui serpentent dans la prairie, parfois plantée d'arbres isolés.

Un autre chemin passe à travers la forêt, la prairie, et sur le bord de la rivière. Un autre traverse un bras de rivière par le moyen d'un pont rustique, fait avec des branches d'arbres; il suit le bord du lac, et va rejoindre le temple chinois N. Un chemin, qui n'est pas aperçu du temple, passe derrière à travers de très-grands arbres. Arrivé à une certaine distance du chemin on aperçoit une partie de prairie qui se trouve sur la gauche, au centre de laquelle il y a une figure représentant Diane. Des bancs de gazon sont placés çà et là. Ce bosquet est un lieu tranquille et solitaire. Sorti de cet endroit, on passe dans le bois, et on va retrouver le petit chemin du bord de l'eau; de là on arrive à un pont hollandais, d'où on aperçoit un point de vue charmant. Sur la gauche, l'île de Nérée T; sur la droite une rivière qui serpente à travers la forêt, la prairie, et passe sous le pont chinois E. Le chemin du pont E à F traverse la forêt et la prairie, et va rejoindre, en montant, le temple de la Victoire F. De là on a la plus belle vue possible. Sur la gauche du temple on aperçoit différentes rivières qui serpentent dans une immense prairie plantée de masses d'arbres de même nature, mais différens pour chaque masse. Sur la droite, une prairie qui se lie avec la campagne par le moyen d'un ha-ha. On descend une petite montagne à travers les érables, et on arrive à un carrefour. Le chemin de gauche fait traverser une prairie plantée d'arbres isolés, et conduit dans un bosquet d'arbres très-touffus, où se trouve le temple de Junon désigné G. Ce temple est aperçu à travers les arbres, et fait point de vue du temple de la Victoire F. En suivant le chemin de la prairie on parvient au pont hollandais, qu'on laisse sur la gauche : on suit le bord du lac, et on arrive à un pont en roche. Du pont, d'où l'on jouit du plus beau point de vue qu'il soit possible de voir, on aperçoit sur la droite différentes rivières qui se précipitent de roche en roche dans différens lacs à l'opposé. Différens chemins se présentent. Celui de gauche conduit à la lettre H, où est un obélisque placé à la tête d'un massif. Le chemin de gauche conduit à la salle I et au bâtiment; l'autre chemin aboutit à plusieurs autres qui traversent la forêt. Tantôt on rencontre des clairières au travers desquelles on aperçoit différentes figures. Au centre de la forêt se trouve une salle en gazon désignée O, au centre de laquelle se voient des figures posées sur des piédestaux, avec des bancs faits de branches d'arbres.

Q. Chemin conduisant à une salle de jeux ou de repos R, de là à un pont turc S; il traverse la forêt, passe devant le ha-ha, puis derrière le temple G, et arrive à une tête de massif. Le chemin de gauche conduit au pont en roche, dont nous avons parlé. Le chemin de droite devient un peu montueux, traverse les pins, sapins, les roches, et enfin arrive au temple de Neptune M, posé sur un rocher : les colonnes de ce temple sont aussi en roche. L'eau sort à travers les rochers, se précipite de roche en roche, de lac en lac, et va se jeter dans un immense lac U. On trouve différens chemins : quelques-uns traversent les roches. Les rivières, dont les eaux tombent de cascade en cascade, ainsi que les autres, sont bordées d'arbres verts et de roches. Dans quelques parties de prairie, on a placé des tombeaux, des pyramides V. Ces objets sont entourés de massifs d'arbres variés. Les chemins de gauche du bâtiment passent à droite de la basse-cour P. Il en est un à mi-côte qui va jusqu'à la rencontre d'une tête de massif. Un des chemins de gauche est très-rapide, et passe à travers les pins, sapins, rochers : il conduit au temple de Neptune; un autre, également à mi-côte, va rejoindre le pont en roche, de manière que du bâtiment on aperçoit un amphithéâtre qui fait un point de vue agréable et varié avec le côté opposé.

N° 45. JARDIN D'AGRÉMENT.

Ce jardin contient environ trente-quatre arpens.

A. Porte d'entrée à laquelle on arrive par une avenue de platanes; devant la porte est un chemin conduisant au bâtiment C, placé à mi-côte; la prairie de droite monte insensiblement jusqu'au temple de Saturne F, (fils du Ciel et de la Terre). Il est entouré de massifs d'arbres variés; tels que micocouliers, charmes, alisiers, muriers à papier, cerisiers à fleurs doubles, Sainte-Lucie, aralies épineux, lilas, syringats, cornouillers sanguins, etc. Du bâtiment on aperçoit trois autres prairies variées par leur forme, et plantées d'arbres différens, d'arbustes à fleurs, et de fleurs sur le devant près le bâtiment; à l'extrémité desdites prairies sont des ha-ha par-dessus lesquels on aperçoit la campagne qui se lie avec le jardin.

D. Chemin conduisant à la salle de danse E, entourée de bancs champêtres faits avec des branches d'arbres; derrière ces bancs sont plantées des épines roses,—à fleurs blanches,—à fleurs doubles, lilas de Marly, syringats. Passé cette salle est une clairière de laquelle on aperçoit le temple F; arrivé au massif formé en triangle à la lettre U, il y a à chaque angle une figure; l'une représentant Diane, l'autre Méléagre, et la troisième Janus.

G. Le chemin de droite conduit à la statue d'Euterpe, une des neuf Muses, désignée H. Cette figure est placée dans un vallon un peu profond; ce qui fait opposition avec le temple F, qui est sur un monticule; le chemin de gauche monte assez rapidement jusqu'au kiosque chinois Q, lequel est entouré d'arbres variés et vus du bâtiment. A travers les branches d'arbres on découvre la campagne, qui est vingt pieds au-dessous du niveau du kiosque Q; en suivant le même chemin on descend insensiblement au carrefour où est placé un obélisque. Le chemin de droite va au chemin de ronde; on passe près une clairière, de laquelle on aperçoit un vallon très-profond derrière le kiosque Q, dont les talus sont plantés de chênes, de hêtres, etc.

R. Chemin qui traverse le bois et conduit à une tête de massif; le chemin de droite traverse une prairie plantée d'arbres isolés; tels que pins du lord Weimouth, pins d'Ecosse, etc.; en continuant on arrive à une figure T (représentant Crané, nymphe, l'une des femmes de Janus), placée à l'angle du massif. Le chemin de gauche, près la lettre R, fait le tour d'une prairie plantée de toutes les variétés d'arbres; au centre de ladite prairie est le temple d'Harpalices S, la plus belle fille d'Argos. Elle fut fort aimée de Clymenus, son père, qui la maria avec beaucoup de peine; et aussitôt qu'elle fut mariée il fit mourir son gendre pour la reprendre, etc.

U. Chemin de ronde.

V. Pavillon chinois placé sur une éminence entourée de grands massifs d'arbres, et sur la prairie des arbres isolés; tels que bonducs, bouleaux, micocouliers, etc. A gauche de cette prairie est une salle de repos, entourée de bancs et quelques vases : cet endroit est un lieu de méditation.

I. Verger de toutes les espèces d'arbres fruitiers.

K. Potager au milieu des quarrés où sont des bassins pour les arrosemens.

L. Serre chaude.

M. Baches pour les ananas et plantes étrangères.

N. Châssis pour les melons.

O. Remise, écurie, basse-cour.

N° 46. JARDIN D'AGRÉMENT.

Ce jardin contient cinquante-deux arpens environ.

A. Avenue d'érables panachées, au bout de laquelle est une grille et deux pavillons.

B. Chemin conduisant au pont chinois F, surmonté d'un kiosque. Sur la gauche on aperçoit un immense lac, à droite l'île de Calypso G.

C. Bâtiment placé à mi-côte. La façade du côté du temple d'Idoménée, désigné N, a pour point de vue une vaste prairie plantée sur le devant d'arbres verts. Sur la droite de la prairie est une salle très-élevée servant de salle de danse, désignée I. A droite du bâtiment se trouve l'île de Calypso G, avec une figure représentant Alceste, fils d'Agamemnon et de Briséis. Sur la gauche du bâtiment une prairie, et à l'extrémité un ha-ha qui lie la campagne avec le jardin. En avant du bâtiment est un lac bordé d'arbres aquatiques, et à l'extrémité un ha-ha.

D. Remises et écuries.

E. Lac entouré d'arbres, tels que saules pleureurs, peupliers d'Athènes, suisses, etc.

Le chemin de gauche traverse la forêt, va au pont sur lequel il y a un kiosque, et rejoint le chemin de ronde. Ce chemin est très-fourré. Le deuxième chemin traverse la prairie plantée d'arbres isolés, et suit parfois la rivière. Le troisième chemin conduit sur un pont rustique dans l'île désignée G.

Le chemin de ronde T traverse une partie de la forêt, suit parfois la rivière, passe sur un pont turc,

traverse la forêt, arrive à une balançoire P qui se trouve entourée d'arbres d'agrément, en suivant une tête de massif qui se trouve sur la gauche. Le chemin de gauche traverse une partie de bois , et à une certaine distance on trouve une prairie qui est plus basse. A la tête de cette prairie est placé un banc qui procure un point de vue charmant. Ce même chemin conduit au temple N. De là une tête de massif se présente. Le chemin de droite fait passer à travers le bois et la prairie plantée d'arbres fruitiers ; on arrive au temple de Pomone K, faisant point de vue au bâtiment principal. En suivant la même route on traverse le bois , la prairie, et on arrive à une salle Q, dans laquelle il y a un grand banc ; et de là au bâtiment, en traversant une forêt très-épaisse. Le chemin de droite de la balançoire P traverse la forêt et conduit à la maison de bûcheron O, d'où on aperçoit le temple d'Eole L, dieu des vents, posé sur un tertre très-élevé ; en suivant le chemin de ceinture, on arrive à S. De là on jouit, à droite, de la vue sur la campagne ; et à gauche, de celle du bâtiment. Arrivé à une tête de massif, plusieurs chemins se présentent. Le premier à gauche traverse la forêt avec rapidité, et fait passer devant et derrière le temple d'Eole, entouré d'arbres verts rares : ces chemins se rencontrent et conduisent au bâtiment.

Le deuxième chemin de gauche traverse une prairie plantée d'arbres isolés , et vient rejoindre un chemin qui suit le bord de la rivière, passe devant le lac, et de là au bâtiment. Le troisième chemin traverse le bois, passe sur un pont fait en roche R, suit la prairie, tantôt près de la rivière, tantôt il s'en éloigne. Arrivé à une tête de massif, le chemin de gauche conduit au bâtiment, et l'autre à la grille d'entrée. Deux issues conduisent à la basse-cour D.

N° 47. JARDIN D'AGRÉMENT.

Ce jardin contient environ soixante arpens.

A. Porte d'entrée.

B. Remises, écuries et ferme.

C. Pont chinois.

D. Logement du propriétaire, ayant pour point de vue plusieurs prairies, avec des masses d'arbres en avant des chemins pour les masquer de manière à ne voir que prairies , arbres, eaux et fabriques , et à empêcher que les rivières ne puissent être aperçues d'un seul coup d'œil.

Sur la droite du bâtiment on aperçoit, à travers les arbres, une salle de danse V, posée sur une éminence, et une prairie plantée de très-grands arbres. Sur la gauche une prairie traversée par une petite allée , mais qui n'est pas aperçue, ayant eu soin de creuser cette allée. Du côté de la rivière on découvre un immense lac X avec des îles et des îlots.

E. Chemin traversant la forêt et la prairie. Arrivé à une tête de massif, on trouve deux chemins. Celui de gauche est de niveau avec le bâtiment ; il traverse la prairie et le bois, longe la rivière et va rejoindre le pont égyptien F.

G. Chemin un peu montueux, conduisant à la salle H où se trouve une volière, entourée de bancs. Sorti de cette salle, le chemin de droite fait passer sur le pont rustique I, composé de troncs d'arbres, et de là dans l'île d'Amour désignée K. Cette île est plantée de saules pleureurs , peupliers d'Italie, de frêne à la manne, à une feuille, et d'arbustes à fleurs, etc.

Le chemin de droite à la lettre G traverse la forêt, la prairie, le bord de l'eau, et conduit au pont turc U. Ce pont a pour point de vue une rivière qui serpente dans la forêt, et d'où l'on aperçoit l'île d'Amour K. Passant sur ce pont, on traverse la forêt et on arrive au pont égyptien F ; de là on jouit d'un très-beau point de vue. Sur la droite, on a vue sur la campagne ; et sur la gauche , la rivière qui serpente dans la prairie plantée d'arbres isolés. Suivant le chemin de ronde, on traverse la forêt et la prairie : on arrive à une tête de massif. Le chemin de gauche fait arriver à une salle pittoresque entourée de bancs turcs, avec un obélisque M qu'on aperçoit du bâtiment à travers les arbres, et de là au bâtiment. L'autre chemin suit la muraille , qui est masquée par des arbres et arbustes bien fournis de branches, comme des épines, sureaux, etc., et on arrive à l'île d'Idalie désignée R, dans laquelle se trouve le temple de Mars désigné S, qui a pour point de vue la campagne, les rivières et une partie du lac.

Deux chemins se présentent : celui de gauche fait traverser deux ponts. Le premier est un pont rustique qui lie l'île de Pandore avec l'île d'Idalie Q ; l'autre est un pont hollandais, et de là on arrive au bâtiment. Ces deux îles sont plantées d'arbres variés.

L'autre chemin fait passer sur un pont gothique, traverse la forêt, la prairie plantée d'arbres isolés, suit parfois le bord de la rivière et quelquefois s'en éloigne, ce qui varie la promenade. Arrivé à une tête de massif, un chemin conduit au pont chinois, et l'autre suit le chemin de ronde, passe derrière la ferme. En traversant la forêt, on arrive à un tombeau antique, placé dans un lieu ombragé par de grands arbres, autour duquel on placerait des bancs rustiques. Sorti de cet endroit mystérieux, on traverse la forêt et la prairie, et on arrive au temple de Diane désigné Y, placé dans une prairie, appuyé par des masses de vernis du Japon, des hêtres, etc. En suivant le chemin, on parvient au pont égyptien désigné F. En sortant du bâtiment, prenant le chemin D, on monte par une pente douce au sommet du labyrinthe O, sur lequel est placé un cabinet d'astronomie. De ce labyrinthe on découvre toutes les fabriques du jardin et la campagne ; le chemin de la montagne sera planté de toutes les espèces d'arbres verts.

N° 48. JARDIN D'AGRÉMENT FANTASTIQUE.

Ce jardin contient environ soixante-dix arpens.

A. Grille d'entrée à laquelle on arrive par une avenue de tilleuls.

B. Cour.

Du bâtiment C, on a pour point de vue une prairie émaillée de fleurs, plantée de très-grands arbres ; au centre des massifs et sur le devant, des arbres demi-tiges à fleurs et arbustes à fleurs.

D. Chemin traversant le bois : les bords de la prairie sont plantés de groupes d'arbres, et sur le bord du lac se trouvent des arbres isolés. Arrivé à une tête de massifs, le chemin de droite traverse le bois et arrive au temple gothique de Comus désigné G, dont les fonctions étaient de présider aux réjouissances nocturnes, aux toilettes des femmes et des jeunes gens qui aimaient la parure. Ce temple se trouve placé à mi-côte et entouré de très-grands arbres ; à droite et à gauche deux masses encadrent le bâtiment, de manière qu'on aperçoit une très-belle prairie et le pont désigné F.

H. Chemin assez rapide passant derrière le temple G, traversant le bois très-épais et revenant au temple d'Erginus E, roi d'Orchomène. Il fut en guerre avec Hercule, qui le vainquit, le tua et pilla ses Etats. Ce temple est entouré de trois massifs ; il a sur sa droite une prairie escarpée plantée d'arbres isolés ; sur sa gauche une autre prairie plantée d'une très-forte masse d'arbres qui masquent le temple désigné U. (Sur le plan, ce temple en élévation est marqué de la lettre V).

I. Chemin traversant la forêt et la prairie plantée d'arbres isolés. Arrivé à une tête de massif, le chemin de gauche traverse l'île de Médon K, un de ceux qui voulurent épouser Pénélope pendant l'absence d'Ulysse ; ce fut aussi le nom d'un Centaure, etc. Cette île est plantée de saules pleureurs et autres arbres aquatiques. L'autre chemin traverse un bois touffu, et arrive à une clairière qui laisse apercevoir la rivière et l'île K. En continuant le chemin, l'on rencontre sur la prairie des arbres variés, plantés isolément, entre lesquels on aperçoit une prairie plantée de grandes masses d'arbres pour ne pas apercevoir d'un seul coup d'œil toute l'étendue du terrain. En suivant le bord de l'eau, on arrive à un monument gothique L, placé sur une éminence entourée d'arbres isolés, duquel on aperçoit un petit lac, une prairie, et une rivière qui serpente à travers les arbres. Au côté de droite est une prairie sur laquelle il y a deux figures, l'une représentant Ericthée, chasseur que Minerve prit soin d'élever, et l'autre Ericthonius, fils de Vulcain. Il fut roi d'Athènes. Arrivé au pont hollandais désigné F, on a sur la gauche une large prairie ; sur la droite des rivières, des ponts, des arbres plantés autour des rivières ; et en suivant le chemin, on trouve sur la droite une immense rivière ; sur la gauche une prairie plantée de très-grands arbres ; l'on arrive à un pont rustique qui fait passer dans l'île de Calypso ; au centre de cette île est le temple de Calypso, fille du Jour, désigné Y. Du pont hollandais on parvient à une tête de massif ; sur la droite est une prairie élevée, sur laquelle on a placé une colonne V. Sur la gauche se trouve le temple d'Hamadiades U, nymphe des bois, fille de

Nirée et de Doris. Ce temple est posé sur une éminence, faisant point de vue au bâtiment principal. Diffé-rens chemins traversent la forêt et plusieurs prairies sur lesquelles on a placé des figures, des tombeaux, etc. Arrivé à la salle T est une volière sur une éminence très-élevée et entourée de bancs champêtres. Le chemin désigné M traverse le bois, conduit à une salle de danse, avec des bancs de gazon, et au centre de cette salle est une figure désignée N; de cette salle on aperçoit, à travers les masses d'arbres, une maison hollandaise désignée O, sur un tertre ayant différens points de vue. En suivant le chemin on traverse la forêt et la pelouse sur laquelle on a jeté des masses d'arbres. Arrivé à M, le chemin de gauche conduit au bâtiment L; l'autre chemin traverse le bois. A une certaine distance on aperçoit une prairie plantée d'arbres isolés, et l'entrée d'une rivière dans le parc. En suivant le bord de l'eau on arrive à une tête de massif. Le chemin de droite fait passer sur le pont désigné P, et l'autre conduit au pont gothique F. Passé le pont P, on traverse une prairie plantée d'arbres variés; et sur la droite du chemin, on trouve des ha-ha qui laissent apercevoir la campagne qui se lie avec le jardin. Sur la gauche on aperçoit la rivière, tantôt masquée par des masses d'arbres isolés, et d'autres massifs bien épais. En continuant le chemin, on passe dans un bois touffu, et à l'extrémité on arrive à un pont rustique fait avec des troncs d'arbres. Sur la gauche du pont on a pour point de vue une rivière qui serpente dans la forêt, et à l'extrémité la tête de l'île Y, sur laquelle se trouve une figure représentant Hercule. Sur la droite, on a la rivière qui sort du jardin et coule à travers des pâturages où paissent des troupeaux de moutons. En suivant le chemin de droite, on trouve des arbustes, des arbris-seaux et arbres qui doivent cacher la muraille; à gauche sont des clairières qui laissent apercevoir sur la prairie, des pins et des sapins sur la partie haute, et dans le bas de la prairie, des peupliers, baumiers, etc. On arrive à R, au temple Danaxandra, héroïne révérée comme une déesse dans la Laconie. De ce temple désigné R, on aperçoit la campagne, la prairie, etc., et de là on parvient au château.

N° 49. JARDIN CHAMPÊTRE.

Ce jardin contient environ quarante-quatre arpens. (Il faut doubler l'échelle qui est sur le plan).

A. Porte d'entrée gothique, avec deux pavillons pour le portier.

B. Prairie plantée d'arbres et arbustes à fleurs.

C. Bâtiment du propriétaire placé sur une éminence de sept pieds au-dessus du niveau de la porte d'entrée, et de l'autre côté faisant face au jardin qui est de niveau jusqu'à l'île G. A l'extrémité du terrain, à la lettre & il y a trente pieds de profondeur, de manière que le bâtiment a une très-belle vue.

D. Cour des remises, écuries. N° 3. Abreuvoir entouré d'arbres.

E. Potager avec quatre bassins pour l'arrosement des légumes, avec une serre d'orangerie, des châssis.

F. Chemin conduisant à travers le bois et la prairie. Arrivé à une tête de massif, le chemin de gauche conduit à l'île d'Amour désignée G, avec le temple de ce nom. Cette île est plantée de toutes les espèces de rosiers, et fleurs de toutes les saisons. Le premier pont que l'on a traversé est un pont hollandais entouré de saules pleureurs, peupliers d'Italie et autres. Le deuxième pont, qui est à la sortie de l'île, est un pont chinois H. Le temple qui se trouve à l'extrémité de l'île a le plus beau point de vue possible, portant sur une partie du jardin et sur la campagne. On entend le murmure des eaux qui tombent du rocher qui se trouve un peu plus loin que la tête de l'île. Arrivé au pont anglais qui fait passer sur la rivière, on a pour point de vue, à droite du pont, la chute d'eau dont on a entendu le murmure, et à gauche deux autres chutes d'eau. En suivant le chemin on traverse une prairie, une portion de bois, et on arrive au temple de Cérès K, fille de Saturne et de Cybèle, déesse de l'agriculture. Sur la droite de ce temple, se trouvent des céréales avec quelques arbres fruitiers, et sur la gauche une prairie qui, par une pente douce, va border un lac entouré d'arbres isolés entre lesquels on aperçoit à travers la prairie et la campagne. Sur la droite du temple le chemin conduit à une tête de massif; le chemin de droite conduit à une salle de repos I entourée de bancs champêtres; cette salle est très-solitaire. L'autre chemin fait traverser la prairie, les céréales, le verger désigné sur le plan V. A gauche du temple de Cérès se trouve un chemin qui traverse de très-beaux arbres, et va rejoindre le sommet du rocher de Neptune O. On a planté entre ces roches des ronces à fleurs doubles, des jasmins, des chèvrefeuilles, aristoloches, cornouillers sanguins. Le chemin de droite traverse la forêt, et va rejoindre le chemin de ronde. A gauche, on descend à travers les roches, les pins, les sapins, etc., et l'on arrive au chemin qui borde le lac. Un petit sentier fait arriver sous le rocher sous lequel est placée sur des roches la statue de Neptune. A droite et à gauche, sont des bancs en mousse et pierres, sur lesquels on respire le frais; de là on a, pour point de vue, un lac bordé d'arbres variés. Sorti de cet endroit charmant, reprenant le chemin qui borde le lac, on arrive au pont gothique; de là, dans l'île de l'Amitié, désignée N. Cette île est plantée d'arbres les plus rares, venant dans la terre de bruyère. On a eu soin de placer un banc entouré de fleurs, en face du pont chinois M, posé sur des roches. Au-dessus du pont plusieurs chutes d'eau tombent dans un lac. Sorti de ce lieu agréable, on passe sur le pont rustique. Le chemin de gauche du pont conduit et fait passer sur le pont M, et l'autre chemin conduit au chemin de ceinture. Sur la droite du bâtiment C, est un chemin qui conduit à une salle de repos où il y a une volière, et sur la gauche du bâtiment un chemin qui descend par une pente douce, et fait arriver à celui de F.

R. Chemin montant et traversant les arbres fruitiers et le vignoble. On arrive au temple de Bacchus S, fils de Jupiter et de Semelé. Arrivé à une tête de massif d'arbres fruitiers, le chemin de gauche conduit au chemin de ronde X, et celui de droite à un bâtiment hollandais V.

T. Chemin creux traversant le vignoble, et allant au bâtiment V.

X. Chemin de ronde traversant la forêt, une partie de prairie, et conduisant au bâtiment gothique Y, servant de logement aux gardes. En suivant le chemin de ronde &, on traverse la prairie, la forêt, et l'on arrive sur la gauche à une tête de massif qui laisse apercevoir deux chemins. Celui de gauche se trouve être de niveau, et va à l'île de l'Amitié; l'autre monte assez rapidement au pont chinois M, suivant toujours le chemin de ronde depuis la tête du massif dont on a déjà parlé, insensiblement jusqu'à la colonne L. Cette colonne posée sur un rocher sert d'observatoire et de logement. Le dessous est un antre dans laquelle il y a des bancs en roches et garnis de mousse, et en partie de glaces qui répètent la prairie et la campagne. Des chemins sont pratiqués dans les roches, et font monter sur une esplanade. En se promenant autour de la colonne, on jouit de très-beaux points de vue. A quelques pas de la colonne, revenant au bâtiment, on trouve deux chemins : l'un conduit au pont, et traverse la prairie; l'autre suit le bois, et revient au bâtiment ou au potager.

N° 50. JARDIN D'AGRÉMENT.

Ce jardin contient cent trente-cinq arpens environ.

Le château A est placé sur une élévation de six pieds au-dessus du niveau de la route.

Pour arriver au château, on traverse une partie de forêt. On arrive à la grille d'entrée qui est à côté du logement du portier, et du ha-ha désigné B.

On traverse une prairie, plantée, sur les côtés, de maronniers. On passe devant une très-belle serre d'orangerie I, en avant de laquelle les orangers sont placés en amphithéâtre; et sur le bord du chemin des masses de fleurs, qui se lient avec les orangers; ce qui fait un très-bel effet. De là on traverse la forêt, et on arrive au château. Les voitures continuent leur route, passent devant le logement du concierge, et vont aux écuries D, et de là à la basse-cour E. Sur le devant du château, du côté de la demi-lune G, on jouit du plus beau point de vue possible. Sur la droite du bâtiment, on a pour point de vue une prairie plantée de différens arbres.

Le chemin de droite fait traverser la forêt, le vignoble planté d'arbres fruitiers, et on arrive au bâtiment du vigneron K, qui fait point de vue au château. Le ha-ha, qui est sur le côté, laisse voir la plus belle forêt possible. A côté de la chaumière est une porte de sortie. Différens chemins se présentent : les uns traversent le chemin qui va à la salle désignée P, d'autres vont à la salle de repos M; d'autres rejoignent le chemin de ceinture.

Du bâtiment on a pour point de vue, du côté de l'entrée du jardin, un vallon assez profond, planté sur le devant d'arbres verts, avec des masses de fleurs en avant. Le temple de Diane V est élevé de douze pieds au-dessus du niveau de la prairie. Pour y arriver on traverse une forêt, une prairie plantée de groupes d'arbres, et entre ces groupes on aperçoit la figure d'Apollon Q, fils de Jupiter et de Latone, et frère de Diane, posée sur une éminence. L'autre chemin fait passer derrière la figure désignée Q.

Arrivé à une tête de massif, le chemin de droite conduit à une très-grande salle M, entourée d'arbres très-touffus. Là se trouvent des bancs rustiques. L'autre chemin fait traverser le bois et la prairie. Sur la partie de droite est une fontaine antique désignée O, entourée de saules pleureurs et autres. En suivant le chemin on arrive à la salle désignée P, entourée de bancs de gazon, deux termes sont placés aux deux angles des massifs : ce lieu est très-solitaire. Le chemin de gauche conduit au temple de Diane V, et celui de droite fait traverser une partie de forêt, et dans une prairie se trouve placée, sur un tertre, la figure de Démophon Q, entourée de massifs d'arbres. En suivant la route, on arrive au temple de Mars R, dieu de la guerre, entouré de très-grands arbres, faisant point de vue au temple de Diane V. Un chemin y conduit, et l'autre traverse le bois, passe devant un ha-ha; de là on aperçoit la forêt. Ce même chemin conduit à un embranchement de chemin. Celui de gauche conduit à une figure représentant Jupiter désigné Y, et l'autre va à une porte de sortie qui mène à la forêt. Un autre chemin conduit à l'obélisque X, qui est vu du temple V. Le chemin de gauche traverse la prairie, et va au temple de Diane; l'autre chemin fait traverser une forêt de hêtres. Arrivé à une tête de massif, le chemin de gauche fait descendre dans une gorge plantée de pins et sapins, et de là au bâtiment.

N°s 51 et 52. PROJET D'UNE FERME EXPÉRIMENTALE

DE LA ZONE TORRIDE.

Cette ferme devait être établie dans une colonie européenne de la zone torride. Le programme m'a été donné par mon frère M. André Thouin, membre de l'Académie royale des Sciences, professeur d'agriculture au Muséum d'histoire naturelle, etc. (Jardin du Roi.)

Cette ferme serait établie dans un vallon entouré de montagnes du troisième, deuxième et premier ordre.

Ce vallon, de forme oblongue, aurait environ quatre mille arpens et serait traversé dans sa longueur par une petite rivière alimentée par le lac supérieur E, au centre duquel est l'île F, sur laquelle on cultive les arbres fruitiers et autres; les eaux du lac, ainsi que celles des sources désignées I, tomberaient en cascades et feraient mouvoir des moulins à farine, à sucre, à scies, à forges, à huile, etc. Après avoir quitté ce lac ou cet étang qui servirait de vivier, de bain et de lieu de natation, la rivière formerait une île vers le centre de la vallée d'où elle s'échapperait ensuite. Des fontaines, des ruisseaux et des torrens réuniraient çà et là leurs eaux à celle de la rivière.

A. Ile (n°. 52) contenant environ soixante-six arpens.

(a) Eglise susceptible de recevoir douze à quinze cents personnes.

(b) Maison du directeur de la ferme, du vice-directeur et ses bureaux; les corps de bâtiment qui entourent l'église sont destinés pour presbytère, logement de l'architecte, l'inspecteur, médecin, chirurgien, pharmacien, l'artiste vétérinaire, des casernes pour la troupe, logement des domestiques et des jardiniers. Les bâtimens qui bordent la rivière qui entoure l'île sont destinés aux granges pour serrer les grains, les pailles et les fourrages; des hangars, des écuries, des toits à porcs, des poulaillers, des colombiers, etc.

(6) Jardins destinés pour la culture des légumes et fruits nécessaires aux personnes logées dans chaque maison.

(c) Hospice pour les malades des deux sexes pouvant contenir cent cinquante lits environ.

(e) Vergers d'arbres fruitiers.

(f) Ponts agrestes pour établir la communication de l'île avec le vallon.

(g) Port couvert susceptible de recevoir une douzaine de bateaux pour les transports, dans les magasins, des récoltes en tous genres.

Le terrain autour de l'église servirait pour les manœuvres des troupes et pionniers et à les exercer au maniement des armes.

B. (51) Toutes les pièces de terre autour de l'île serviraient, 1° pour les haras de chevaux, de bœufs, d'ânes, de chameaux et mulets; 2° de prairies pour les pâturages des troupeaux, des bêtes à laines et à cornes; elles offriraient des divisions et subdivisions pour les sexes, les races, les âges et pour les réserves des pâturages;

3° des prés pour fournir des fourrages secs propres à la nourriture des animaux pendant la saison des pluies et celle de la sécheresse.

C. Pièces de terres destinées 1° à une grande culture de riz, dans le voisinage de la rivière, afin qu'on puisse arroser à volonté la rizière au moyen de petites écluses; si les arrosemens étaient établis par nappes, ils deviendraient salubres pour les hommes autant qu'ils seraient délétères par submersion; 2° une culture de maïs et d'autres céréales propres à la panification; 3° une culture de manioc et d'autres racines à feuilles nourrissantes; 4° une grande culture de cannes à sucre dans le voisinage de laquelle se trouve un moulin propre à pressurer les cannes pour la confection des sirops; 5° une culture d'indigo herbacé divisée en grands carrés de terres pouvant être arrosés par irrigation lorsqu'il sera nécessaire.

Les coteaux bordant le vallon seront divisés en seize parties dont chacune, affectée à une culture particulière, offrira un exemple de cette culture, et l'habitation du gérant, désigné N (n°. 52) chargé de l'exploiter; des jardins susceptibles de produire les légumes et les fruits nécessaires à la nourriture de sa famille; des bâtimens destinés à serrer les produits de culture, et des hangars pour les outils aratoires.

Ces fermes particulières, plus ou moins étendues, selon l'espèce et la nature de leur culture, seront:

1. Cotonnerie contenant environ quarante-cinq arpens.

2. Une cafeyère contenant environ cent cinquante.

3. Indigotière de lauriers roses des teinturiers, (ou nerium tinctorium, espèce nouvelle) cent douze.

4. Une sucrerie en terrain humide, environ trois cents.

5. Cacaoyère, quatre cent cinquante.

6. Poivrerie, deux cent vingt-cinq.

7. Vanillerie, cent cinquante.

8. Cannellerie, trois cents.

9. Girofflerie, quatre cent cinquante.

10. Muscaderie, neuf cents.

11. Quinquinaterie, quinze cents.

12. Gommerie (culture d'arbres fournissant des gommes), douze cents.

13. Résinerie (culture d'arbres fournissant des résines), dix-huit cents.

14. Nopalerie (culture de nopaliers, sur lesquels se nourrissent les cochenilles; elle doit être sur un coteau escarpé et dans un terrain très-sablonneux), quatre-vingt-dix.

15. Palmetrie (culture des palmiers dont on tire une sève propre à fournir des boissons fermentées), quinze cents.

16. Pépinières propres à élever tous les jeunes arbres destinés aux plantations de toutes les parties de la ferme, environ neuf cents.

A chaque culture il y aurait des chemins conduisant à l'île A.

D. (N° 51.) Montagnes du second ordre, sur lesquelles sont établies de grandes cultures d'arbres forestiers de la zone torride, qui fournissent du bois à la charpente rurale, aux bâtimens civils, à la marine, à la haute mâture, au bardeau ou aux couvertures des maisons agrestes; à la menuiserie, à la tonnellerie, à la boissellerie, au charronnage, à l'ébénisterie, à la marqueterie, au tour, etc. Autour du lac seront de grandes cultures de mûriers et d'autres arbres dont les feuilles sont propres à la nourriture des vers à soie en plein air, sur les arbres ou dans des bâtimens G. Montagnes sur lesquelles sont quatre grandes cultures de naturalisation des végétaux des tropiques, qui, à ce degré d'élévation, doivent pouvoir s'acclimater sous la zone torride; ces diverses cultures partageront toute l'étendue des montagnes désignées G; chacune d'elle sera accompagnée de l'habitation du gérant désigné N (n°. 52), de sa famille, de ses ouvriers et de ses bestiaux.

H. Les pentes des montagnes les plus hautes, jusqu'aux endroits couverts de neige et de glace permanentes, seront occupées par quatre grandes cultures des végétaux des climats tempérés qui croissent sous les régions froides et même glaciales; le reste de la pente de ces montagnes sera divisée en parcs destinés à la multiplication libre des vigognes, des limas, des chèvres de cachemire, des coudas et autres animaux de la chaîne des Cordillières et de tous les climats froids de la terre.

I. (N° 52.) Élévation des moulins destinés à divers usages.

K. Sommet des montagnes du premier ordre; elles sont toujours couvertes de neige.

L. (N° 52.) Seize bâtimens destinés au logement des gérans des cultures établies en C.

M. Seize bâtimens destinés au logement des gérans des cultures établies sur les montagnes D.

N. Elévation en perspective des logemens et dépendances des gérans.

O. Cases pour les nègres ou autres ouvriers travaillant aux cultures.

N° 53. FABRIQUES POUR L'ORNEMENT DES JARDINS.

1. Monument romain antique en ruine.
2. Vase et figure antiques.
3. Colonnade antique en ruine.
4. Temple romain en ruine.
5. Tombeau antique avec des trophées d'armes.
6. Fontaine antique.
7. Balançoire.
8. Rocher avec divers antres sous lequel est une glacière, et surmonté d'un kiosque chinois.
9. Fontaine.
10. Fontaine.
11. Fontaine.
12. Tombeau antique.
13. Bâtiment hollandais.
14. Fontaine.
15. Porte de jardin chinois.
16. Tombeau.
17. Porte gothique.
18. Tombeau.
19. Hermitage au milieu d'un vignoble.
20. Figure antique.
21. Cabane pour les cignes.
22. Hangar pour abritter les bateaux et gondoles.
23. Volière.
24. Balançoire chinoise.
25. Figure antique.
26. Maison de pêcheur.
27. Volière chinoise.
28. Phare posé sur un rocher.
29. Bateau de pêcheur.
30. Barque à voiles.
31. Barque chinoise, au centre un pavillon.
32. Gondole.

N° 54. FABRIQUES POUR L'ORNEMENT DES JARDINS.

33. Pagode chinoise.
34. Figure antique.
35. Pont rustique fait avec des branches d'arbres.
36. Temple triomphal.
37. Figure antique.

38. Pont triomphal.
39. Jeu de bague.
40. Pont chinois.
41. Pagodes turques.
42. Pont surmonté d'un arc de triomphe.
43. Tour gothique.
44. Pont égyptien.
45. Temple romain.
46. Fontaine antique.
47. Pont triomphal.
48. Vase antique.
49. Banc.
50. Ferme, logement du fermier, des domestiques, écuries pour les bestiaux, granges pour les fourrages, etc.
51. Obélisque égyptien.
52. Bâtiment chinois.
53. Jeu de bague chinois.
54. Banc.
55. Jeu de bague rustique.
56. Monument gothique.
57. Tour chinoise.
58. Fauteuil de jardin.
59. Maison de bûcheron.
60. Chaise.
61. Figure antique.
62. Chaise.
63. Tente turque.
64. Maison de meûniers et moulin à eau.
65. Figure antique.
66. Banc rustique.
67. Banc chinois.
68. Banc turc.
69. Figure antique posée sur un piédestal.

N° 55. PLANS DES FABRIQUES POUR L'ORNEMENT DES JARDINS.

Cette planche est composée des plans des fabriques des planches 53 et 54.

N° 56. FABRIQUES POUR L'ORNEMENT DES JARDINS.

1, 2, 3, 4, 8 et 9. Maisons rustiques couvertes en paille.
10. Salle de danse couverte en paille.
11. Maison rustique couverte en paille, servant de salle de billard.
15. Maison rustique hollandaise.
16 et 17. Salle de danse couverte en paille; les colonnes seraient de bois en grume.
18, 22, 23, 24, 25, 28, 29, 30, 31. Temples et bâtimens variés. (Ils peuvent être établis en plâtre, et les décorations extérieures seraient peintes à fresque), ils serviraient de lieu de repos et d'ornement des jardins.
Toutes ces fabriques ont leurs plans; une échelle pour l'élévation et une pour le plan.
Les onze modèles de treillage sont exécutés au jardin du Roi d'après les plans de M. Molinos, architecte.

FIN.

ERRATA.

Page 5 , ligne 19, des paysages, *lisez* paysages.

Page 6 , ligne 9 , clarières, *lisez* clairières.

Page 12, ligne 16, ou autres légumes , *lisez* ou légumes.

Page 14, ligne dernière , pittoresque autour des murs. Il y aurait , *lisez* pittoresque. Autour des murs il y aurait.

Page 15, ligne 5, Pomone, déesse des fruits, *lisez* Neptune.

Même page , ligne 22, leur, *lisez* sa.

Page 16, ligne 28 , adoptée, *lisez* établie.

Page 17, ligne 11 , Pépinière dans plusieurs carrés. Il y aurait , *lisez* Pépinières. Dans plusieurs carrés il y aurait.

Même page , ligne 32, à des divers , *lisez* à divers.

Page 19, ligne 34, Les trois pièces de broderies, *lisez* Pièces de broderies.

Page 20, ligne 23 , vue sur la mer. Un lac , *lisez* vue sur un lac.

Même page , ligne 31 , entourées , *lisez* enfoncées.

Même page , ligne 33 , un pont, *lisez* deux ponts.

Même page , ligne 36 , J , *lisez* Y.

Page 21, ligne 11 , groupes de terre de bruyère , *lisez* groupes de végétaux de terre de bruyère.

Même page , ligne 14, pagode N , *lisez* pagode L.

Même page , ligne 19, L'autre pagode est placée, *lisez* Pagode placée.

Page 22, ligne 6, et mettre à l'abri du soleil , *lisez* mettre à l'abri du soleil.

Même page , ligne 18, hollandais M , chemin O , et forme, *lisez* hollandais M , et forme.

Même page , ligne 33 , Bellone , *lisez* Bélus.

Page 24, ligne 2 , portent sur , *lisez* pendent dans.

Même page , ligne 40, désigné Q , en avant de la petite fabrique. On y a planté , *lisez* désignée Q. En avant de la petite fabrique, on a planté.

Page 26 , ligne 4 , et sur les bords des arbres aquatiques , *lisez* et sur les bords d'arbres aquatiques.

Même page , ligne 16, On a soin de s'éloigner , *lisez* On a eu soin d'éloigner ce chemin.

Même page , ligne 38 , au potager N , *lisez* au potager V.

Page 29, ligne 39, le chemin AE , *lisez* le chemin AF.

Page 30, ligne 12 , Canthos, *lisez* Canathos.

Même page , ligne 23 , de toute espèce , *lisez* de toutes espèces.

Page 33 , ligne 31, pyramidals , *lisez* pyramidaux.

Page 35, ligne 16 , jardin , sur la façade du bâtiment. Une , *lisez* jardin. Sur la façade du bâtiment, une.

Même page , ligne 21 , pyramidals , *lisez* pyramidaux.

Page 36, ligne 2 , à ce qu'on ne puisse , *lisez* qu'on ne puisse.

Même page , ligne 32 , double odorant , toujours verts , *lisez* doubles odorantes.

Page 42, ligne 21 , est plus élevé , *lisez* est élevé.

Page 44 , ligne 18, arbres isolés. Sur la prairie, on aperçoit , *lisez* arbres isolés sur la prairie. On aperçoit.

Même page , ligne 44 , deux cents arpens environ , *lisez* vingt-cinq arpens environ.

Page 46 , ligne 29, qui conduit , *lisez* il conduit.

Page 48 , ligne 26, Potager au milieu des quarrés , *lisez* Potager. Au milieu des carrés sont.

Page 52, ligne 23, dans laquelle , *lisez* dans lequel.

Page 54 , ligne 40, bâtimens G , *lisez* bâtimens. G.

Même page , ligne 47, limas , *lisez* lamas.

Même page , même ligne, coudas , *lisez* condors.

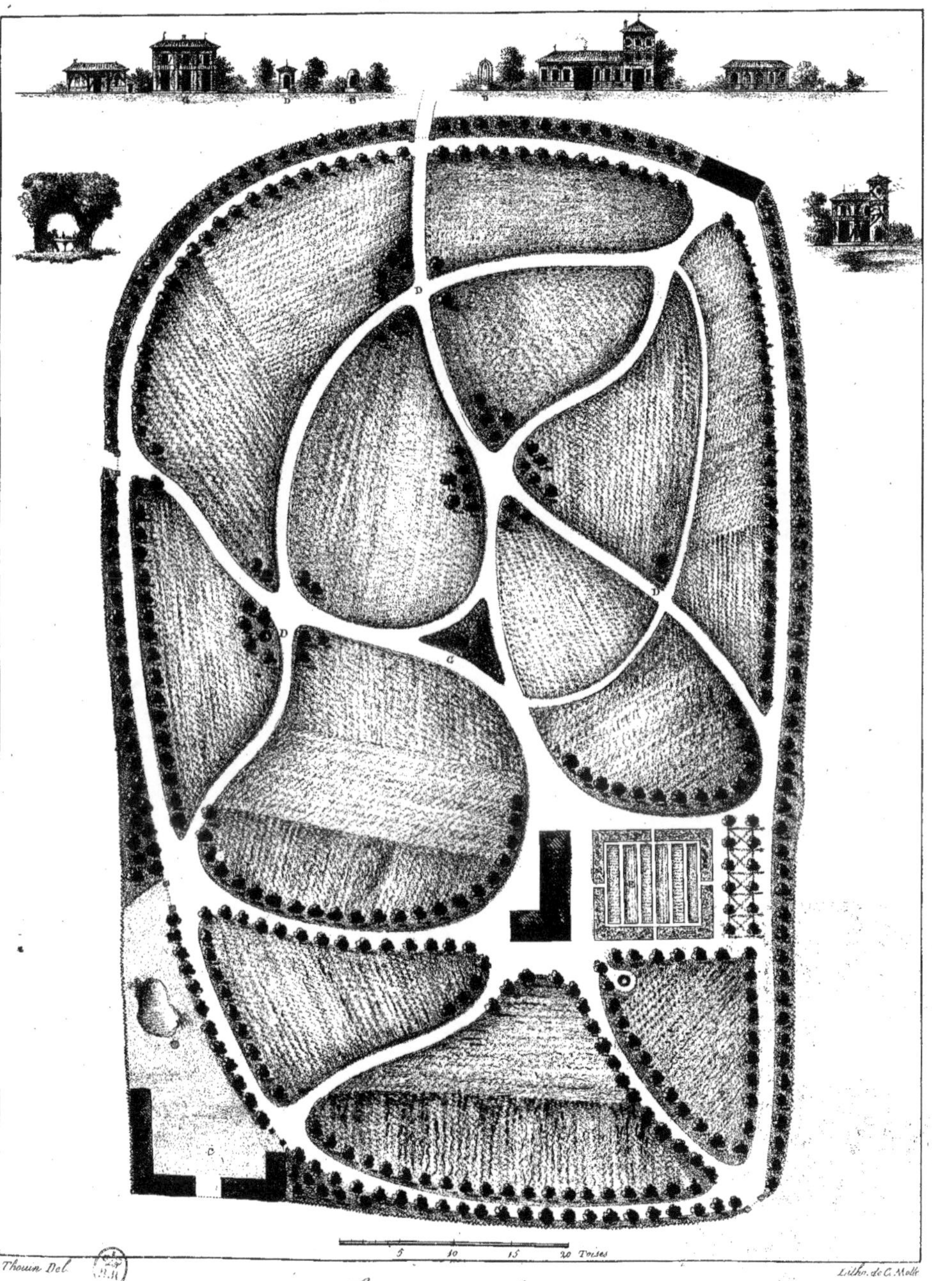

N 1. Jardin de gros légumes.

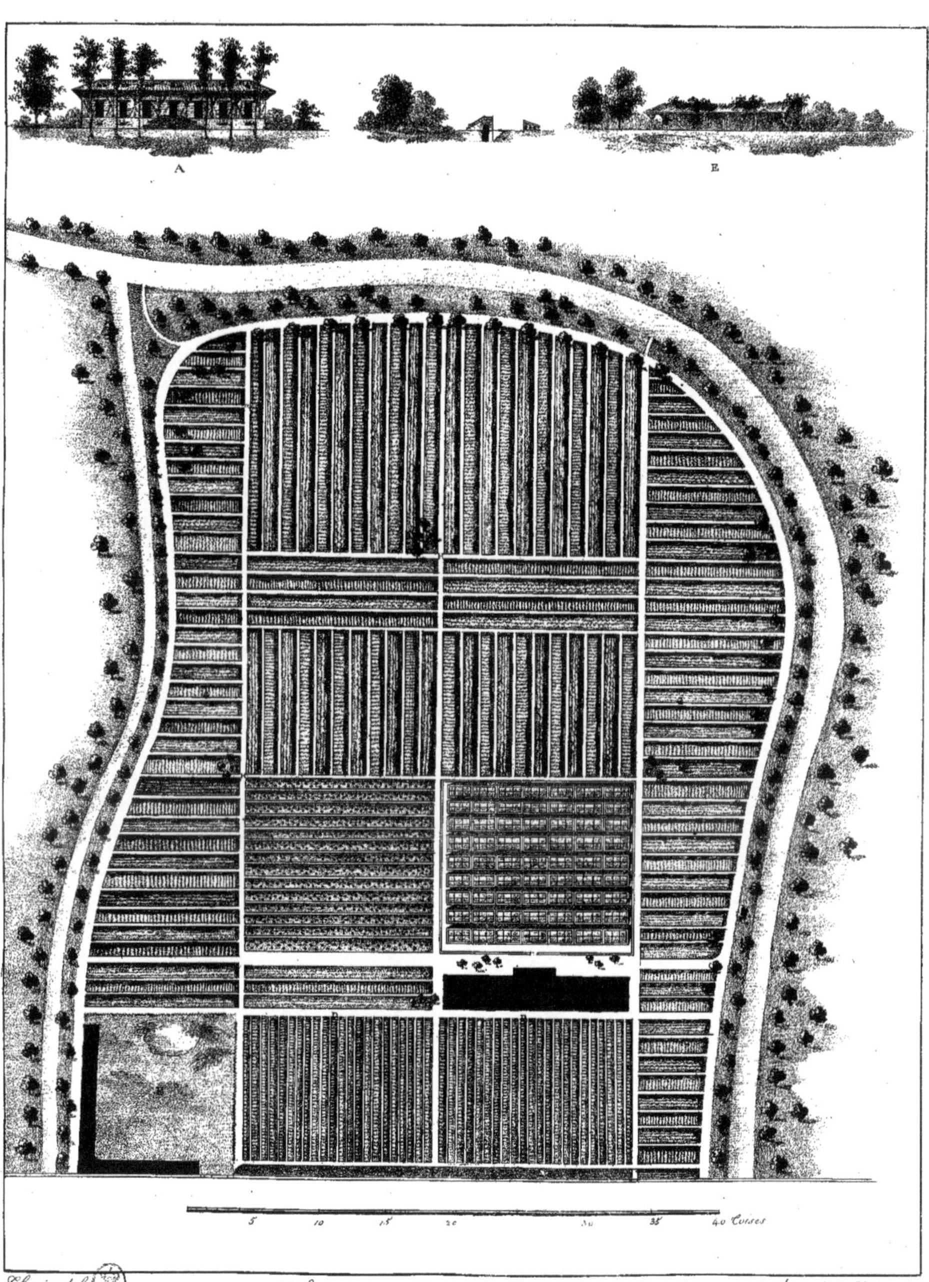

Chouin del.

Lithog. de C. Motte.

N.º 2. Jardin Potager Maraicher.

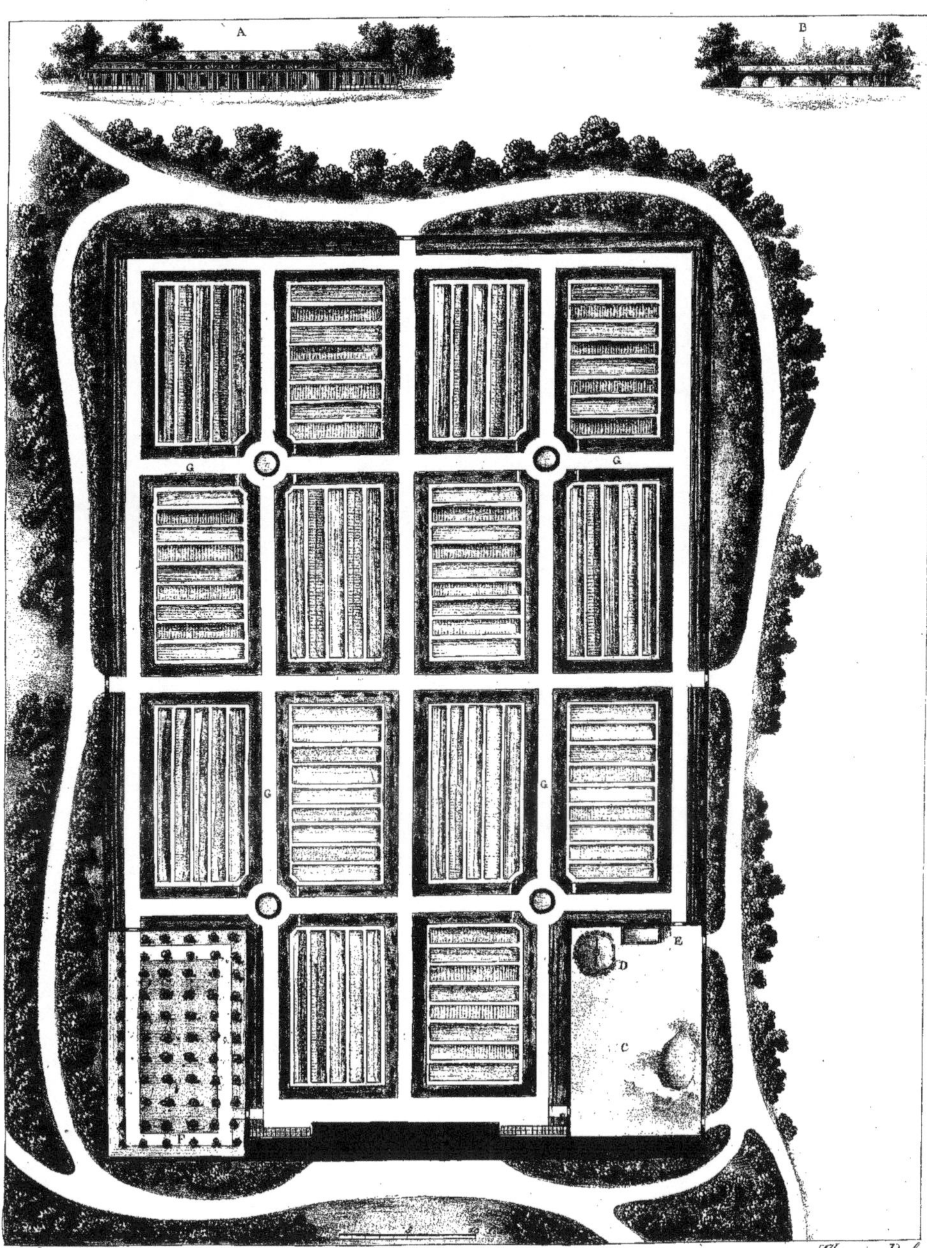

Lithog. de C. Motte.

Thouin Del.

n.°3. Jardin potager privé.

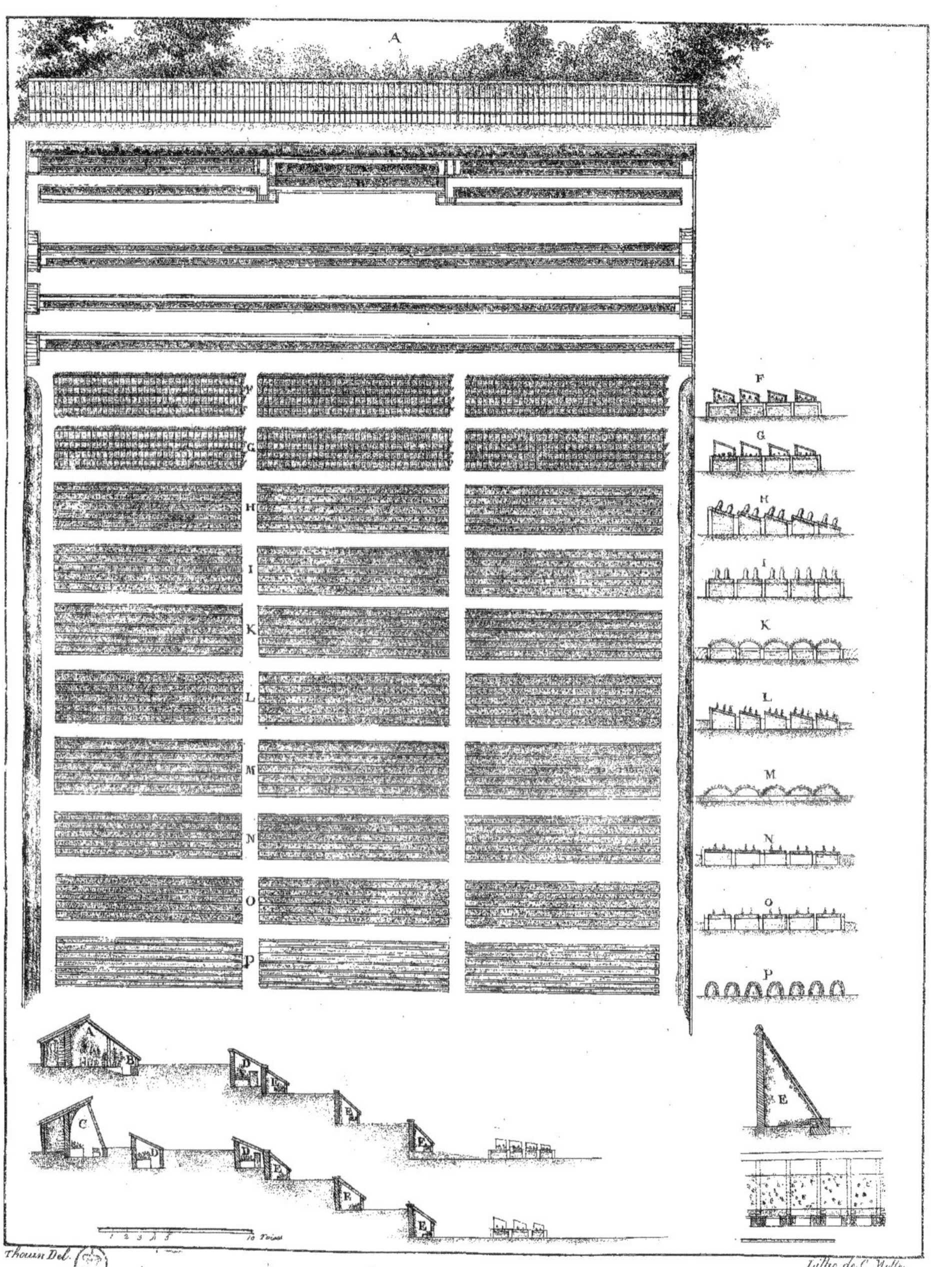

n.4. Jardin grand potager.

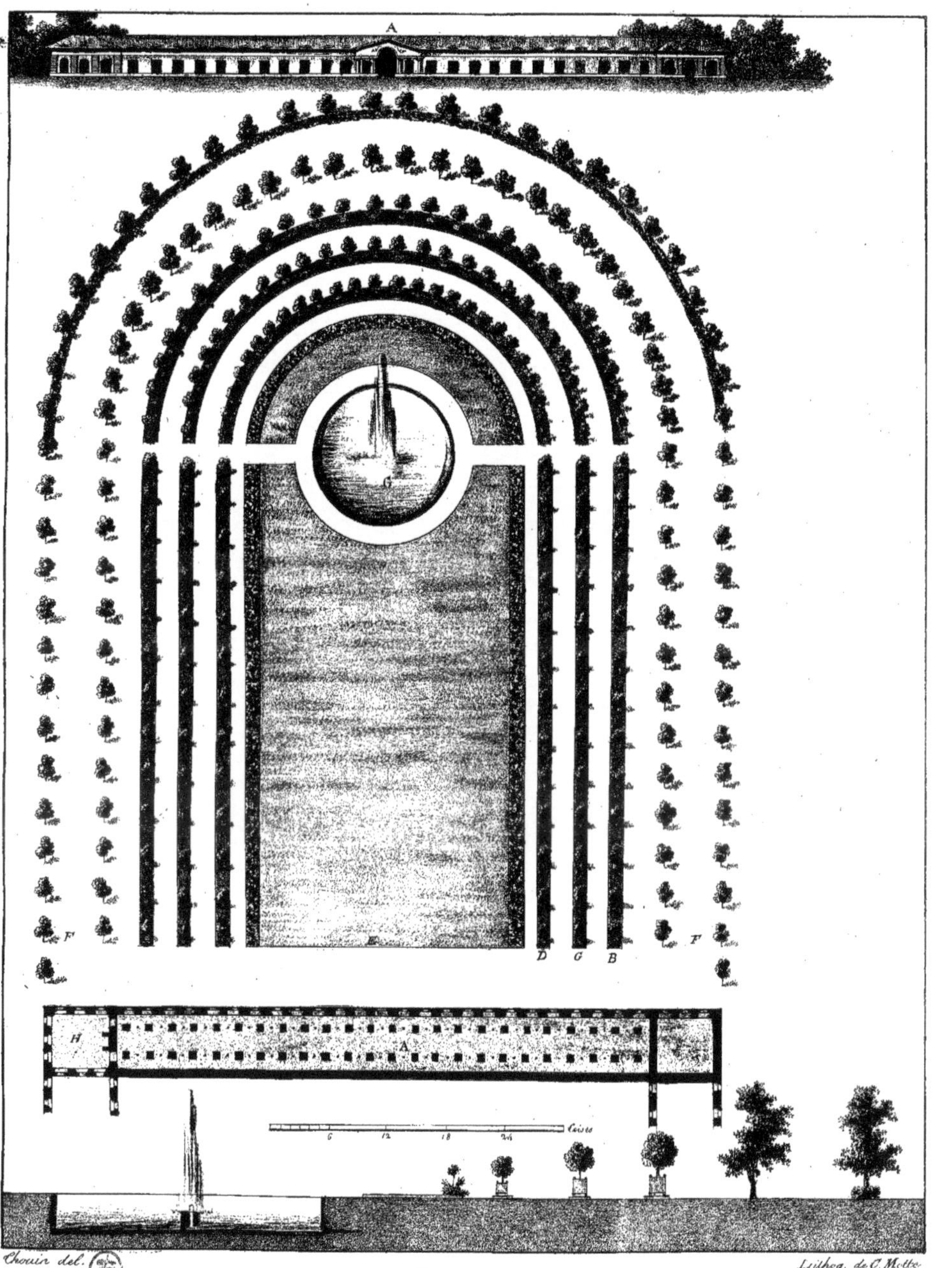

N. 5 *Orangerie*

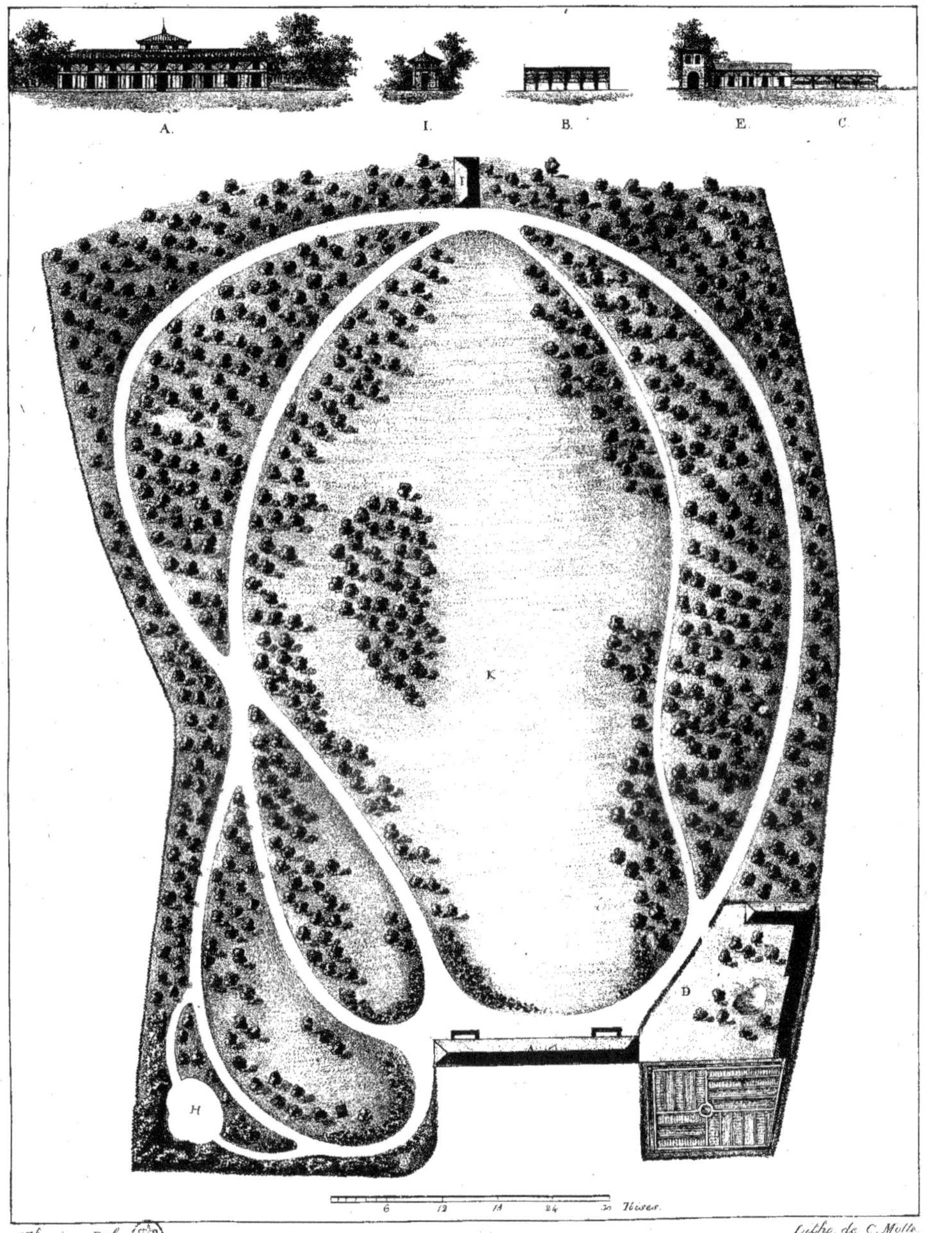

Thouin Del.

Litho. de C. Motte.

Nº 6   Jardin fruitier, non sujet à la taille.

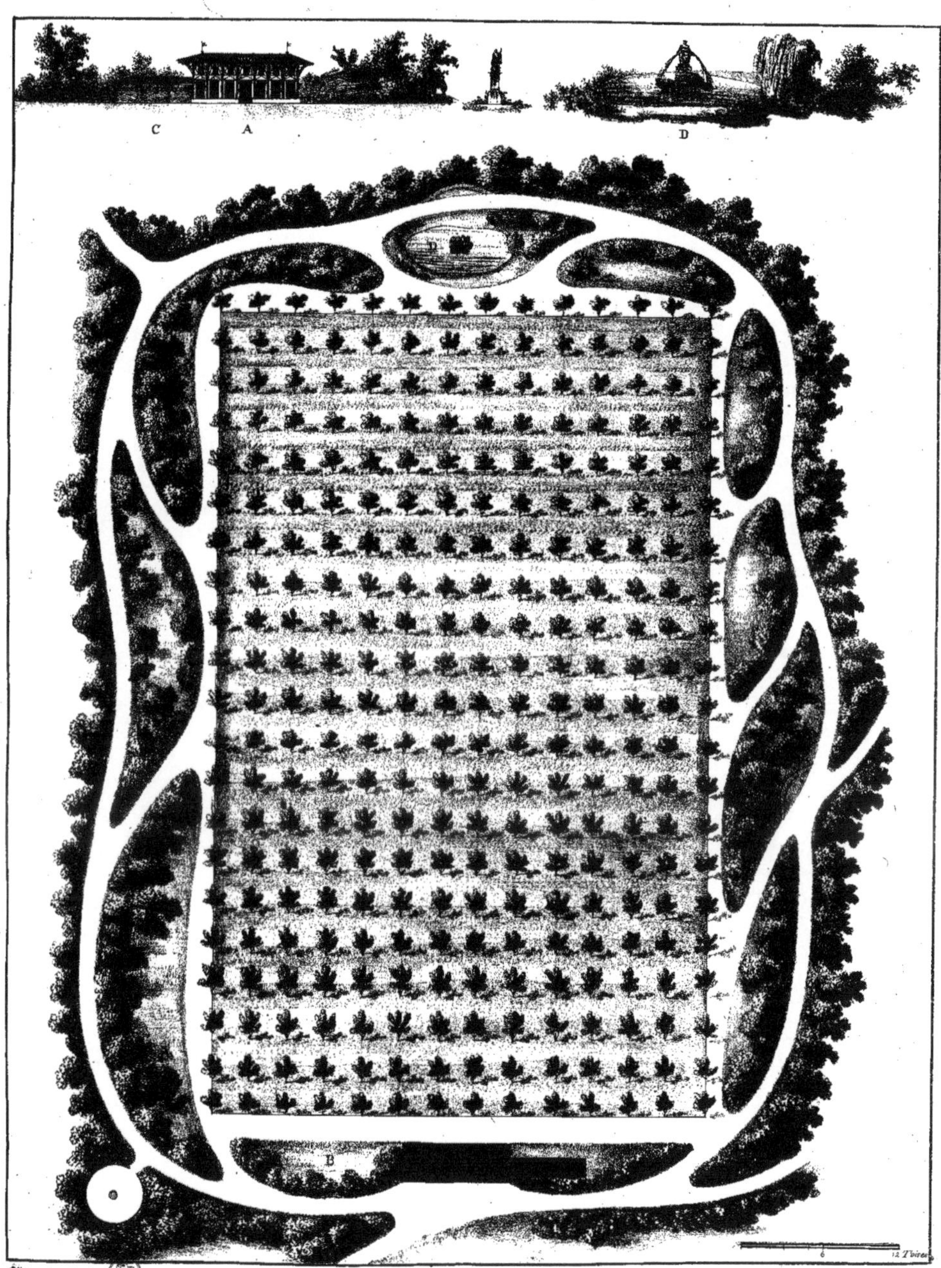

N.º 7 Jardin fruitier en quinconce

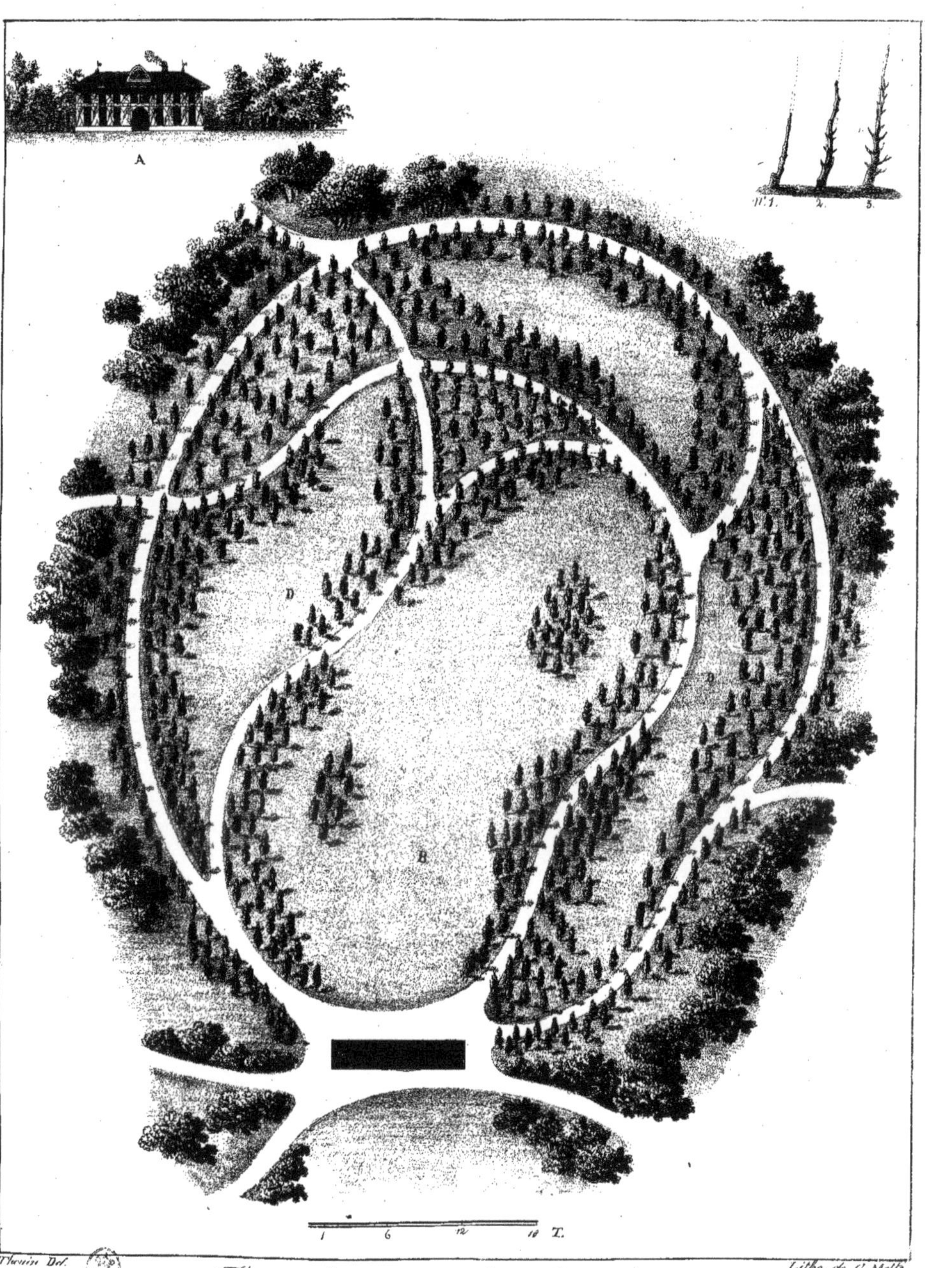

N.º 8. *Jardin fruitier sujet à la taille en quenouilles.*

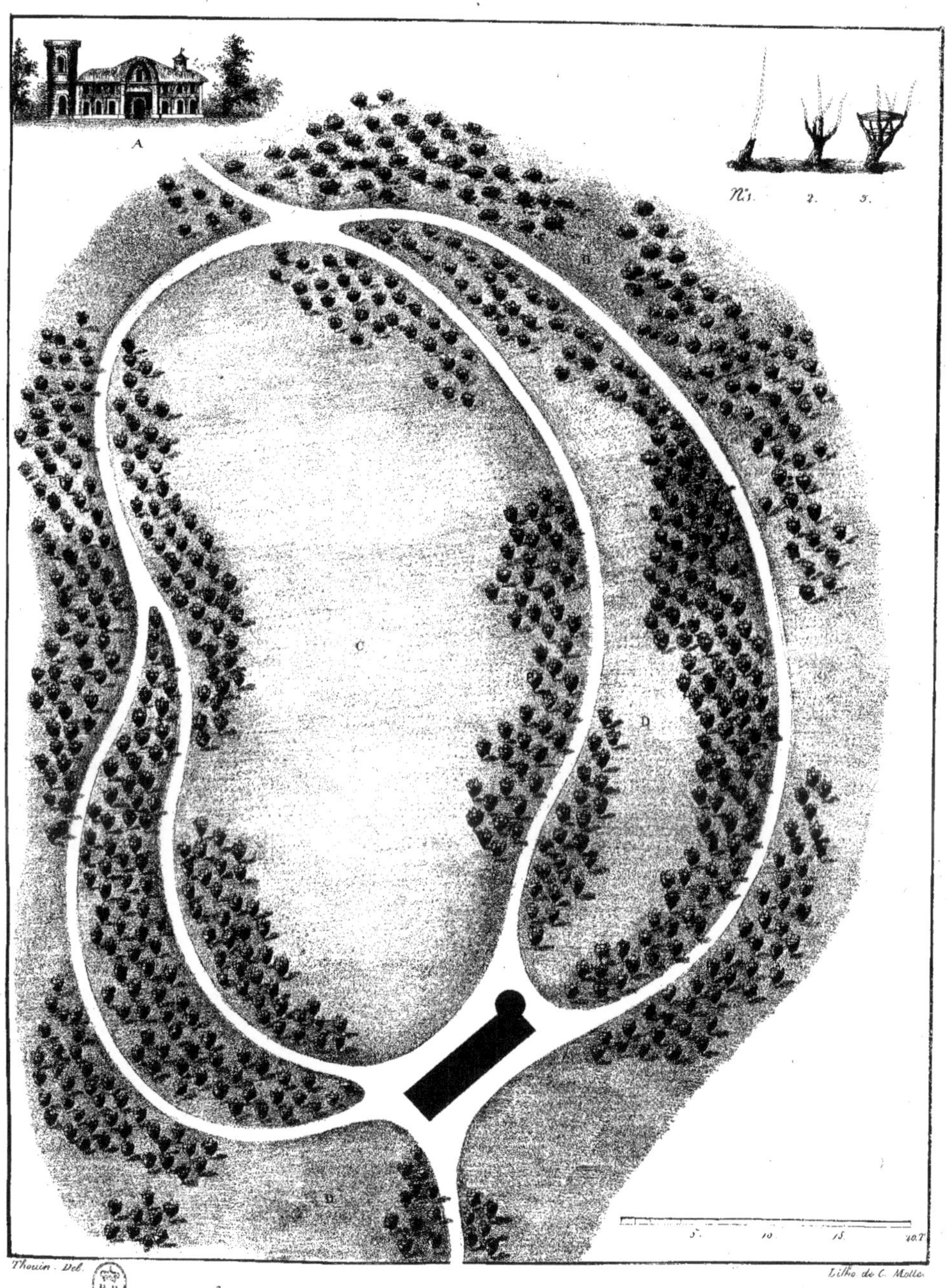

Nº 9. Jardin fruitier sujet à la taille en vases ou buissons.

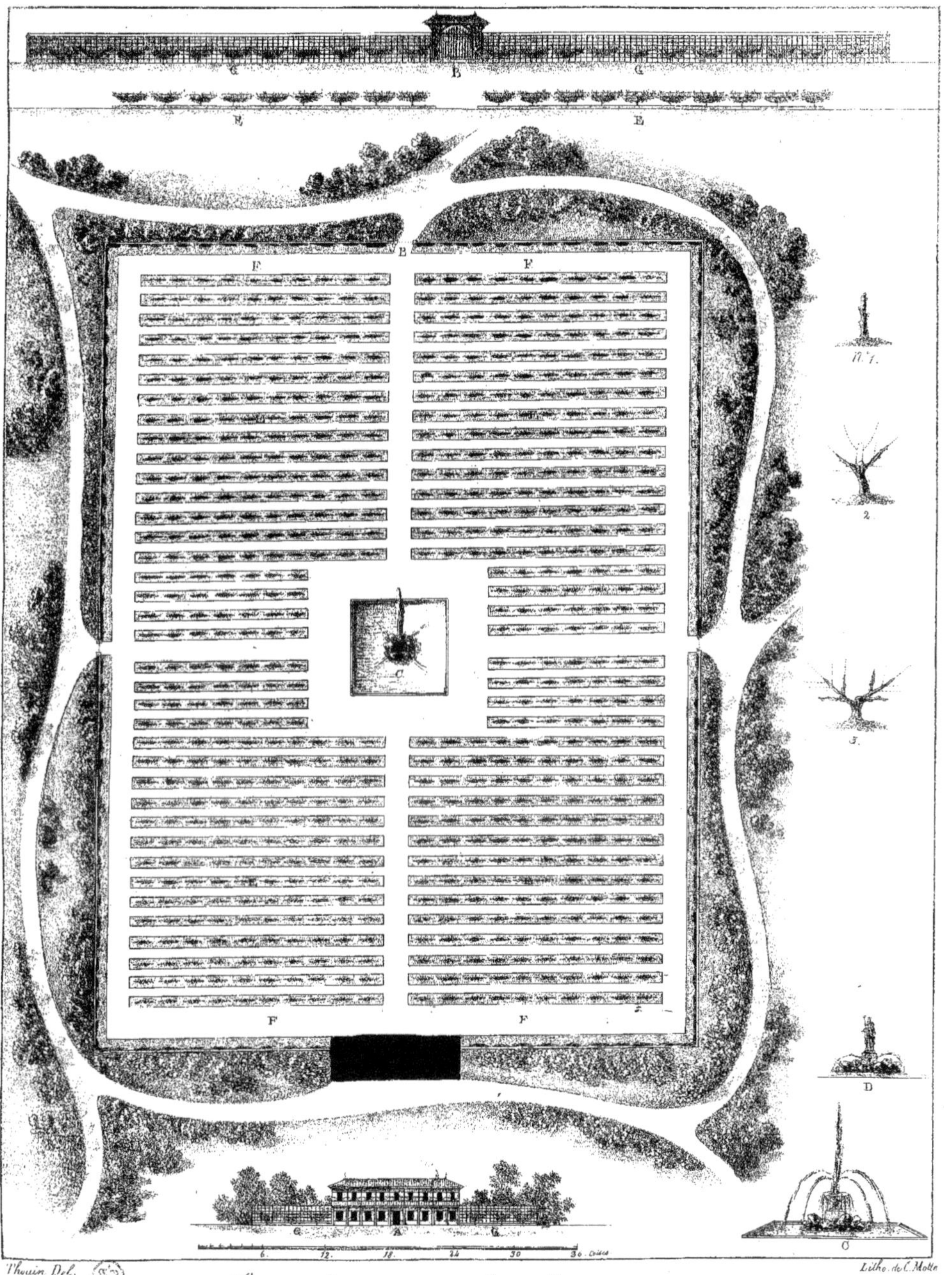

n.° 10. Jardin fruitier sujet à la taille en espalier.

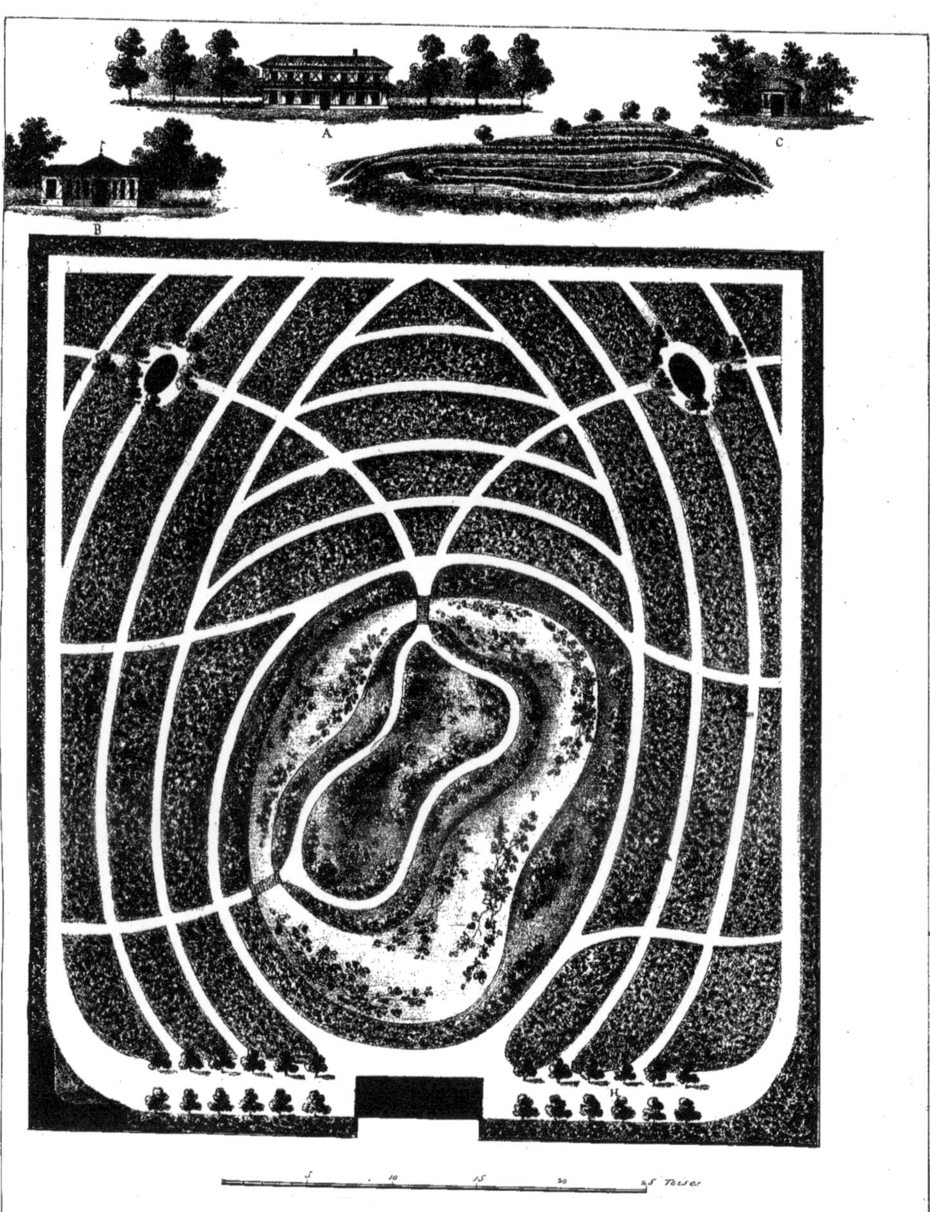

Nᵒ 11. Jardin Pharmaceutique.

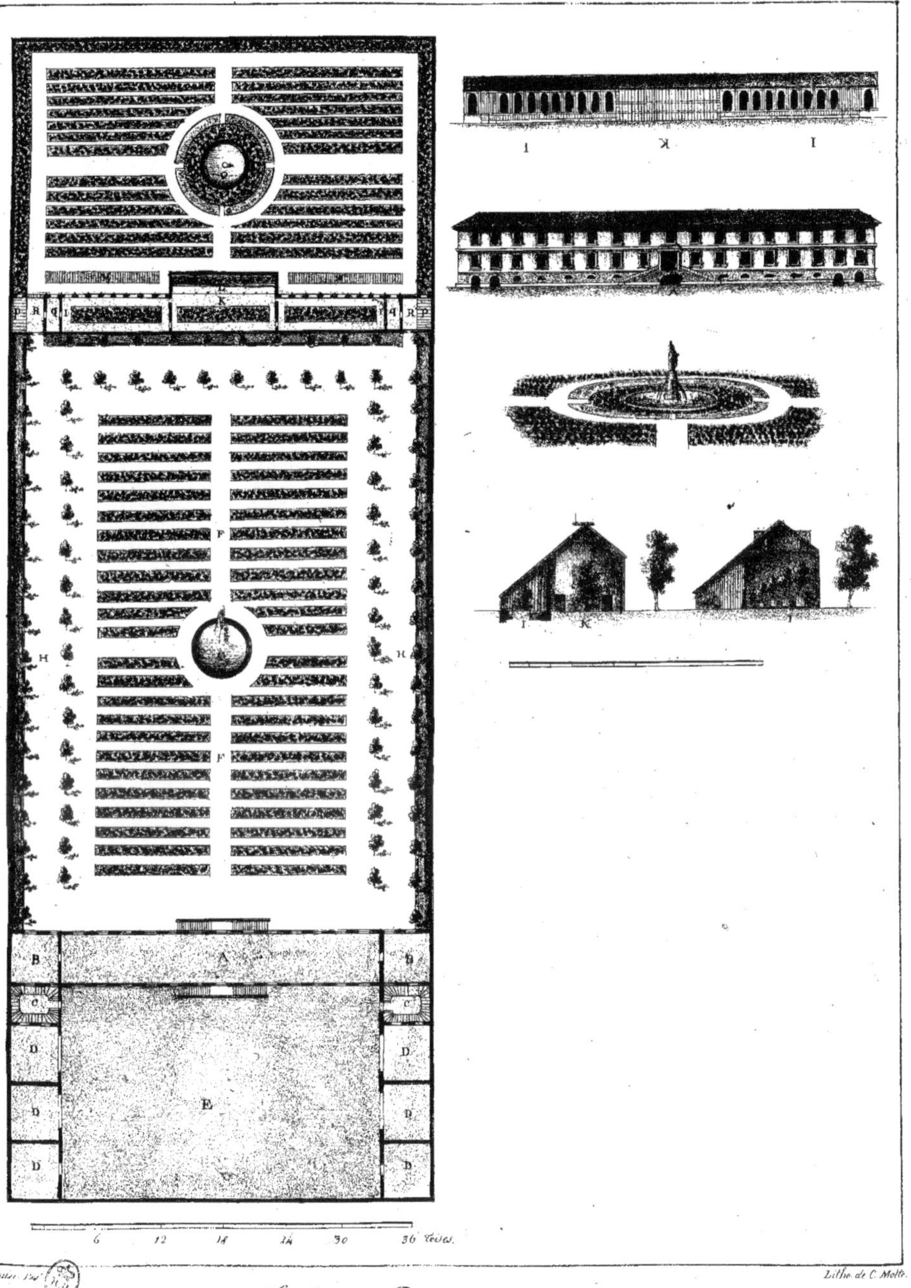

N° 12. Jardin Pharmaceutique d'étude.

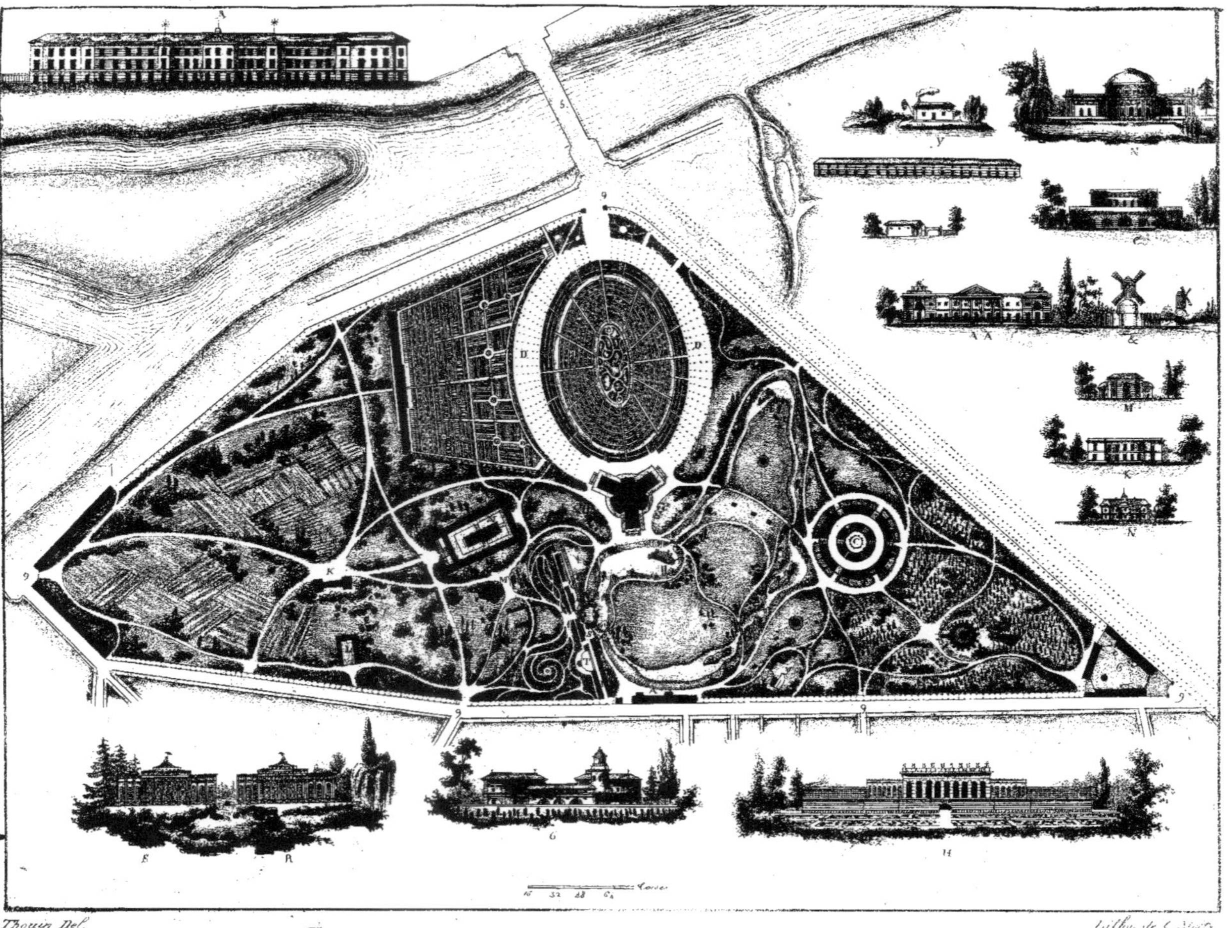

Thouin Del.

Litho. de C. Motte

Pl. 13. Projet d'agrandissement du jardin des plantes de Paris.

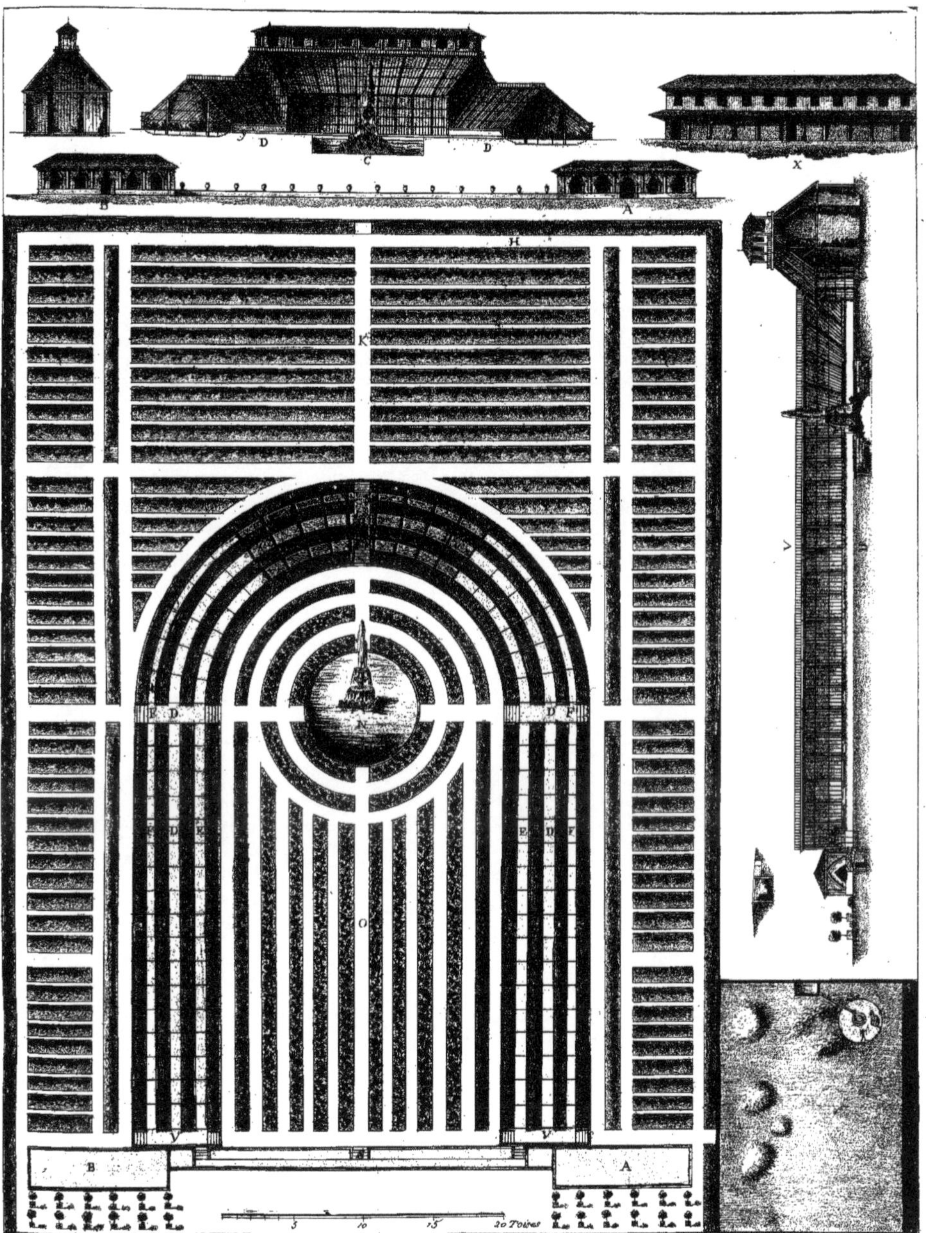

Thouin Del.

Lith. de C. Motte.

N.º 44. *Jardin pour la Naturalisation.*

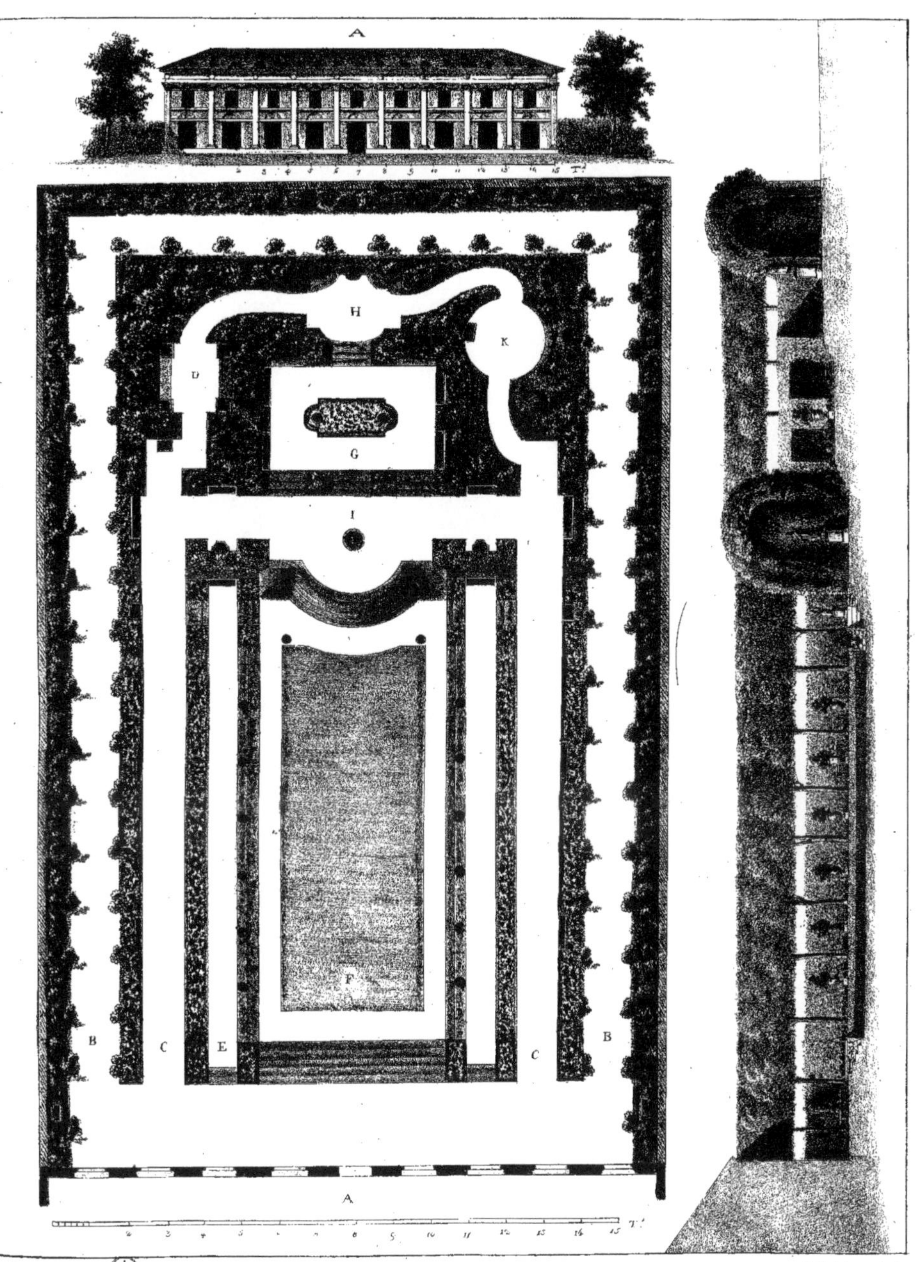

Gds Thouin inv.   N° 45. Jardin symétrique de ville.   Lithog. de Langlumé

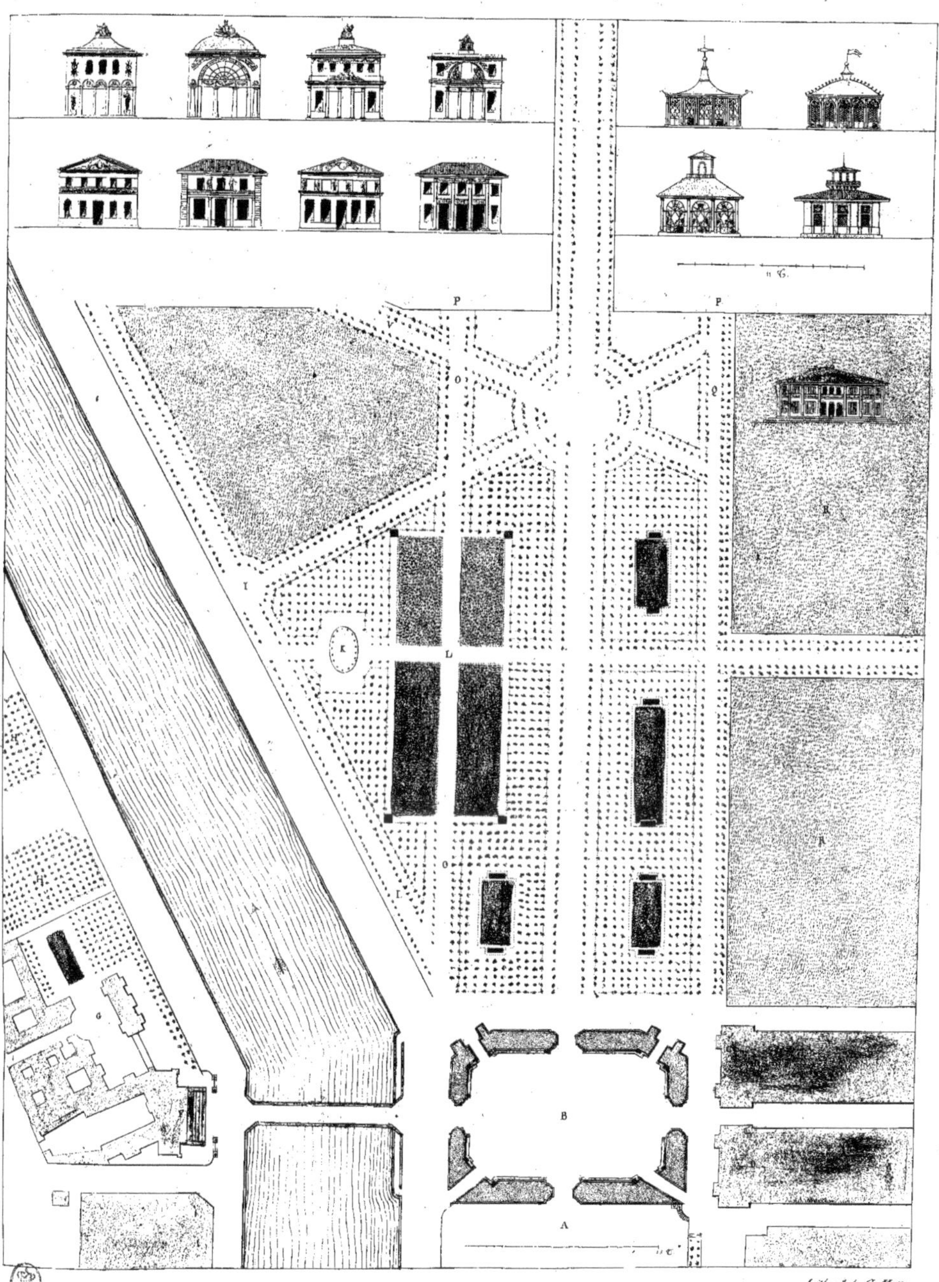

n.º 16. Jardin public.

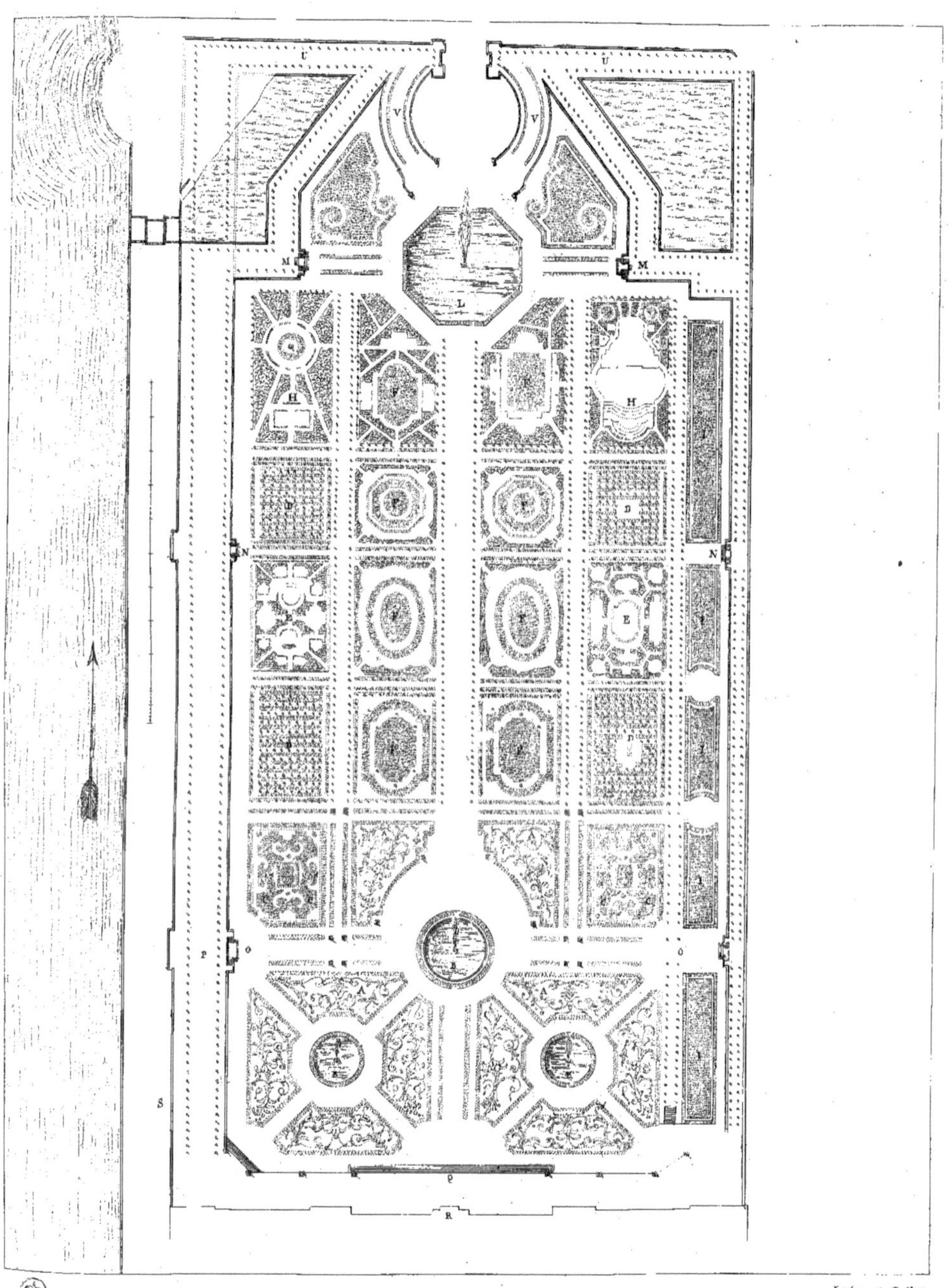

Lithog. de C. Motte.

N° 47. Jardin de Palais.

Nᵒ 18. — Jardin Romantique Chinois.

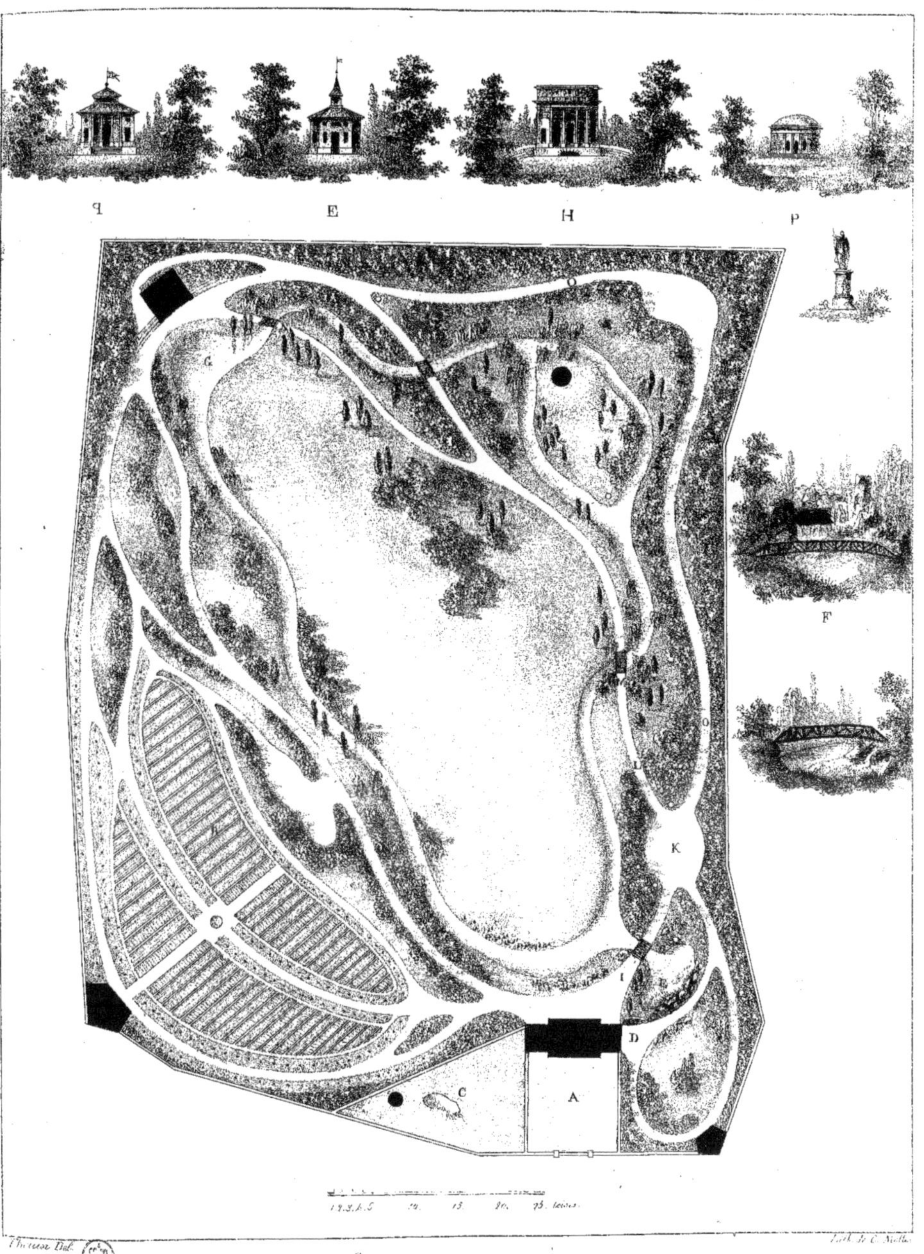

Nº 19. Jardin fantastique anglais.

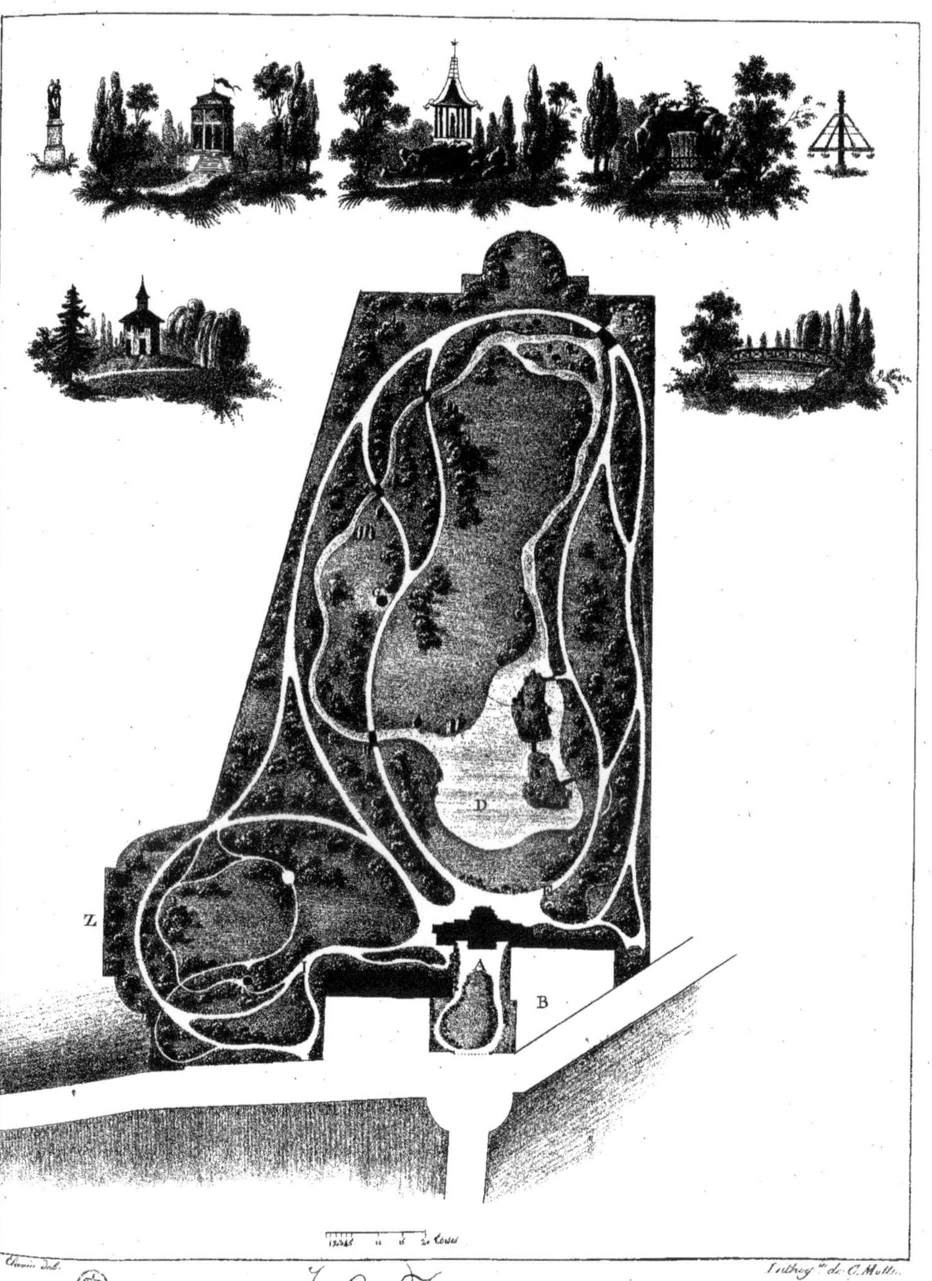

Nº 20. Jardin Fantastique

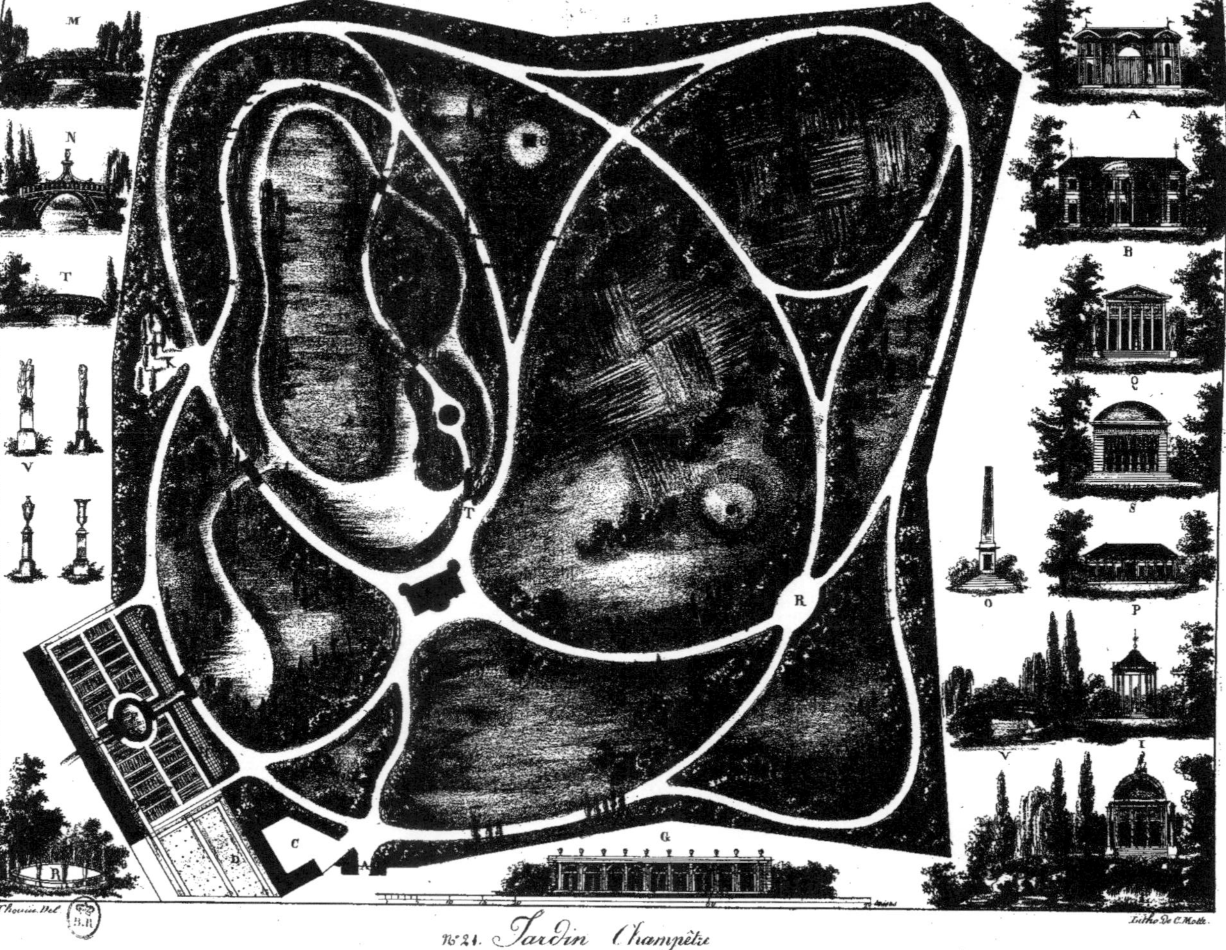

M
N
T
V
U
R
A
B
Q
S
P
O
C
D
a
Thouin Del
Litho De C. Motte
1624. Jardin Champêtre

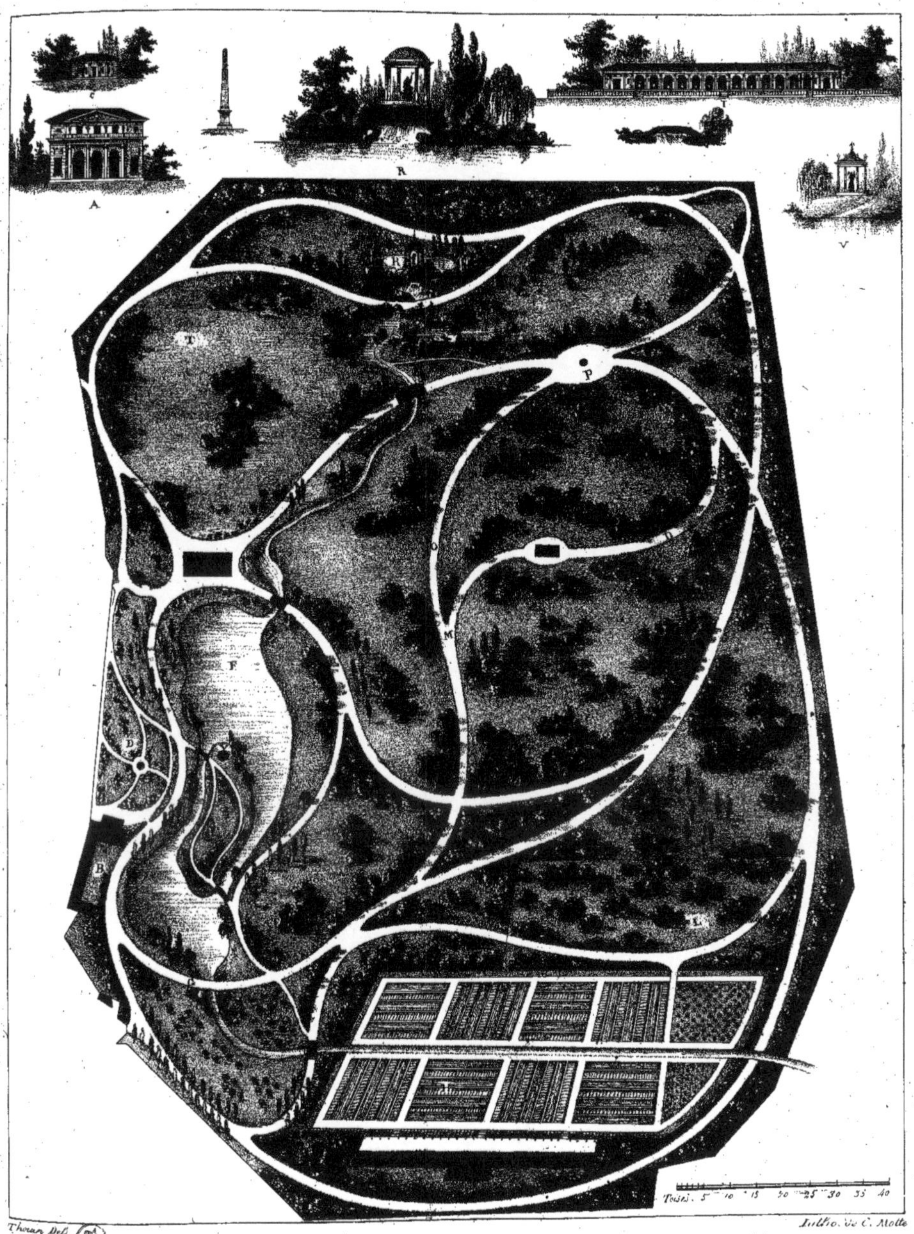

Thoran Del.

Litho. de C. Motte

N.º 22. Jardin Silvestre.

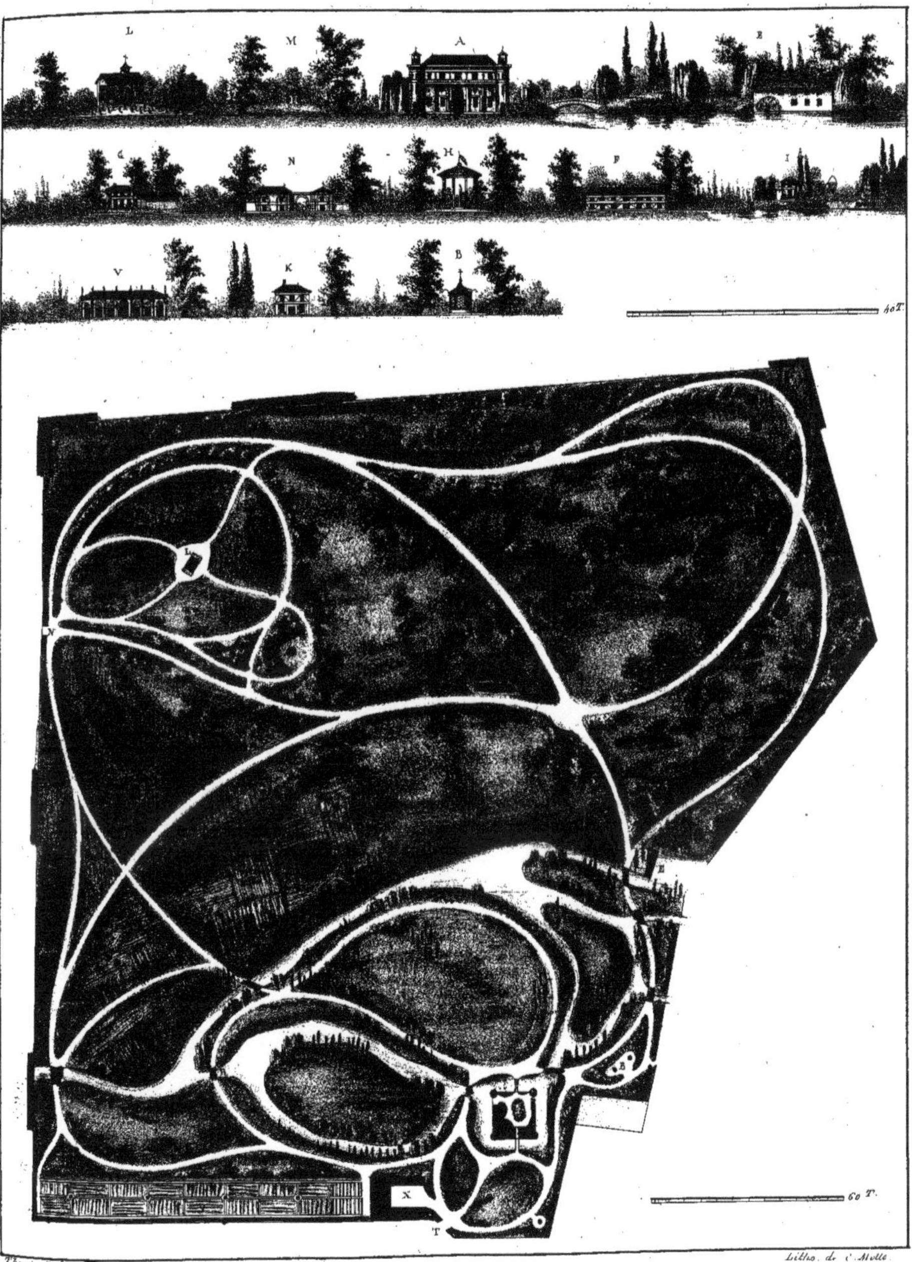

N.º 23. Jardin Pastoral.

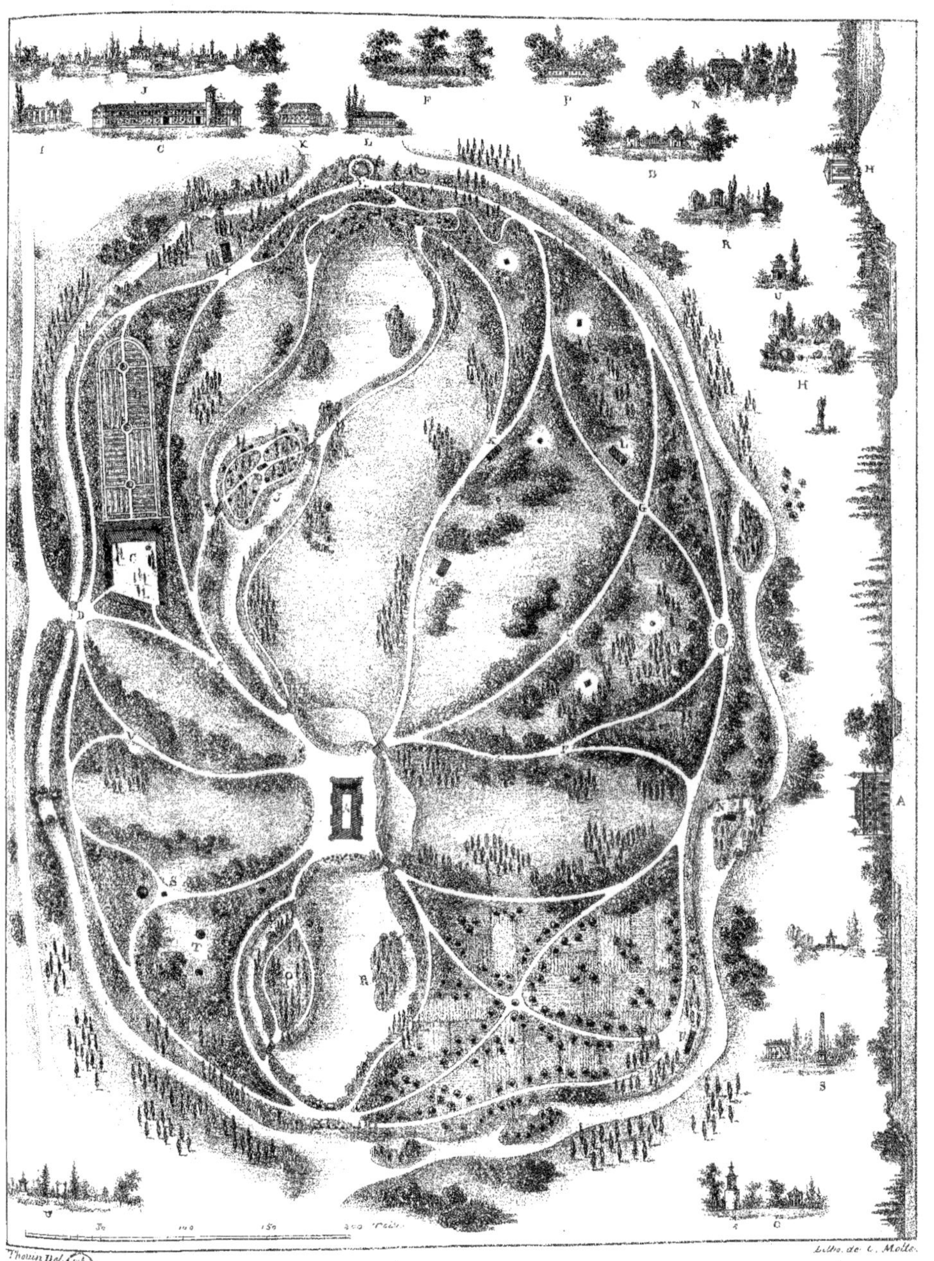

Thouin Del.

Litho. de L. Motte.

N° 24. Jardin romantique.

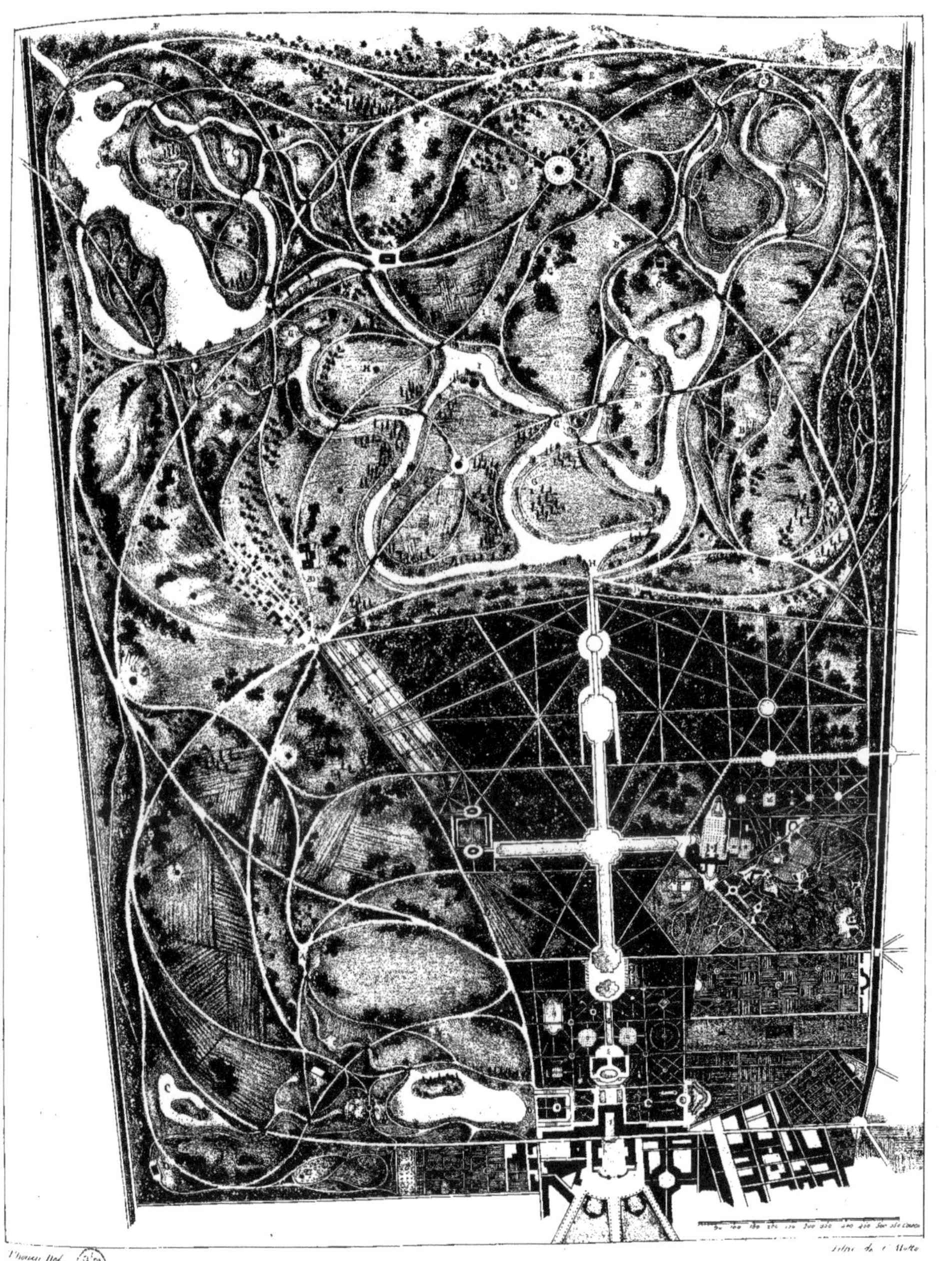

N° 25. Jardin Parc ou Carrieres.

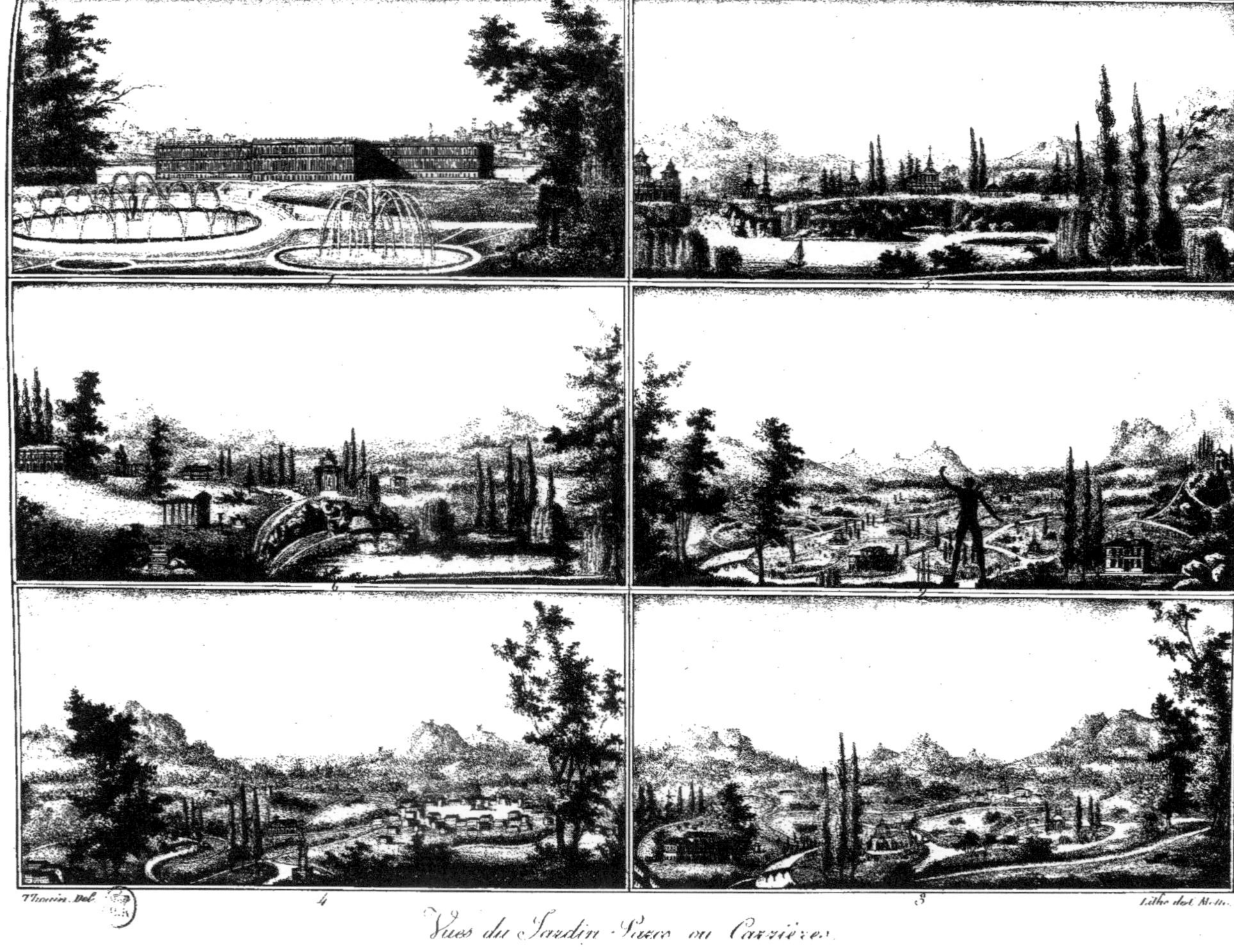

Vues du Jardin Tivoli ou Carrières.

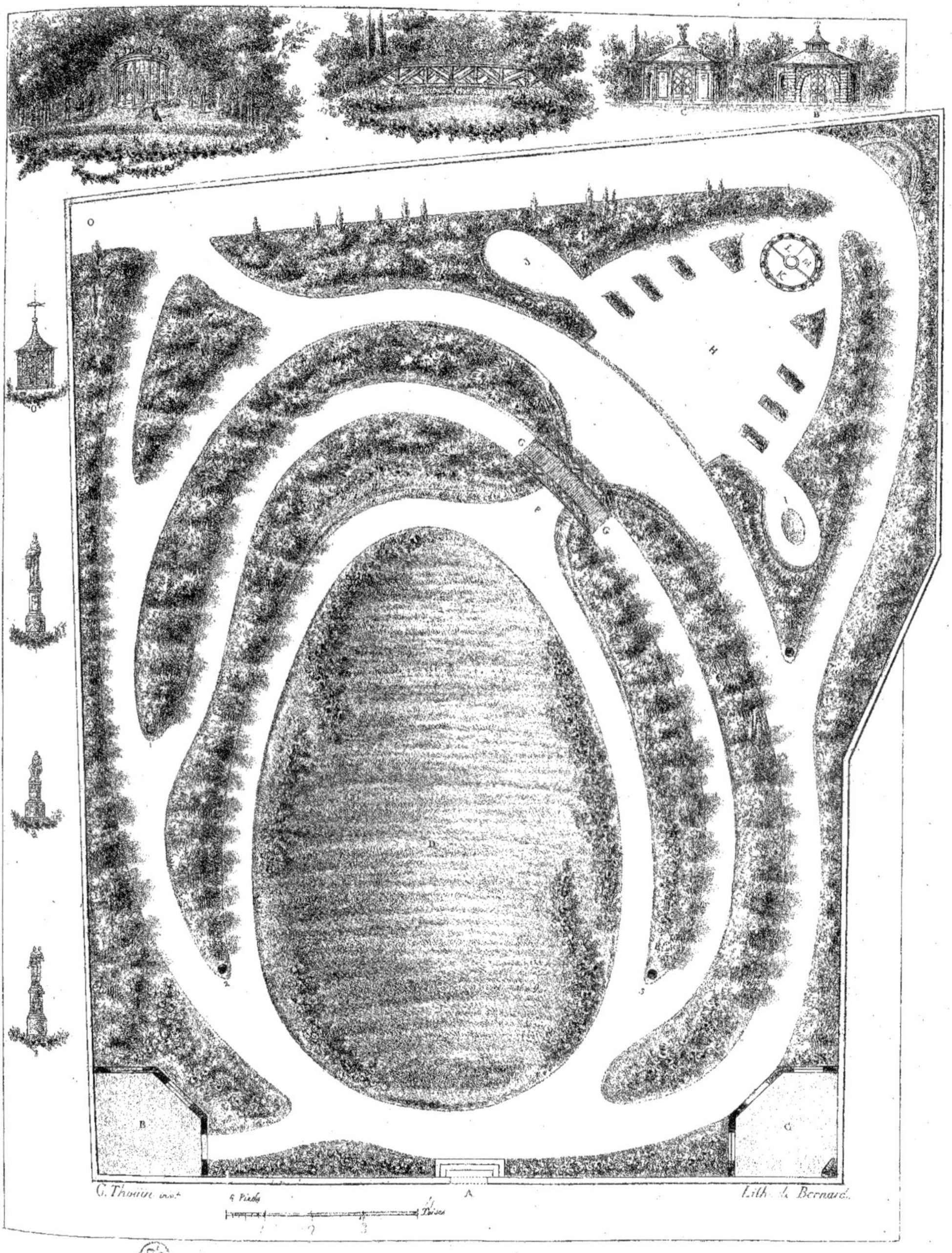

G. Thouin invt.   Lith. de Bernard.

n.º 26 Jardin d'agrément.

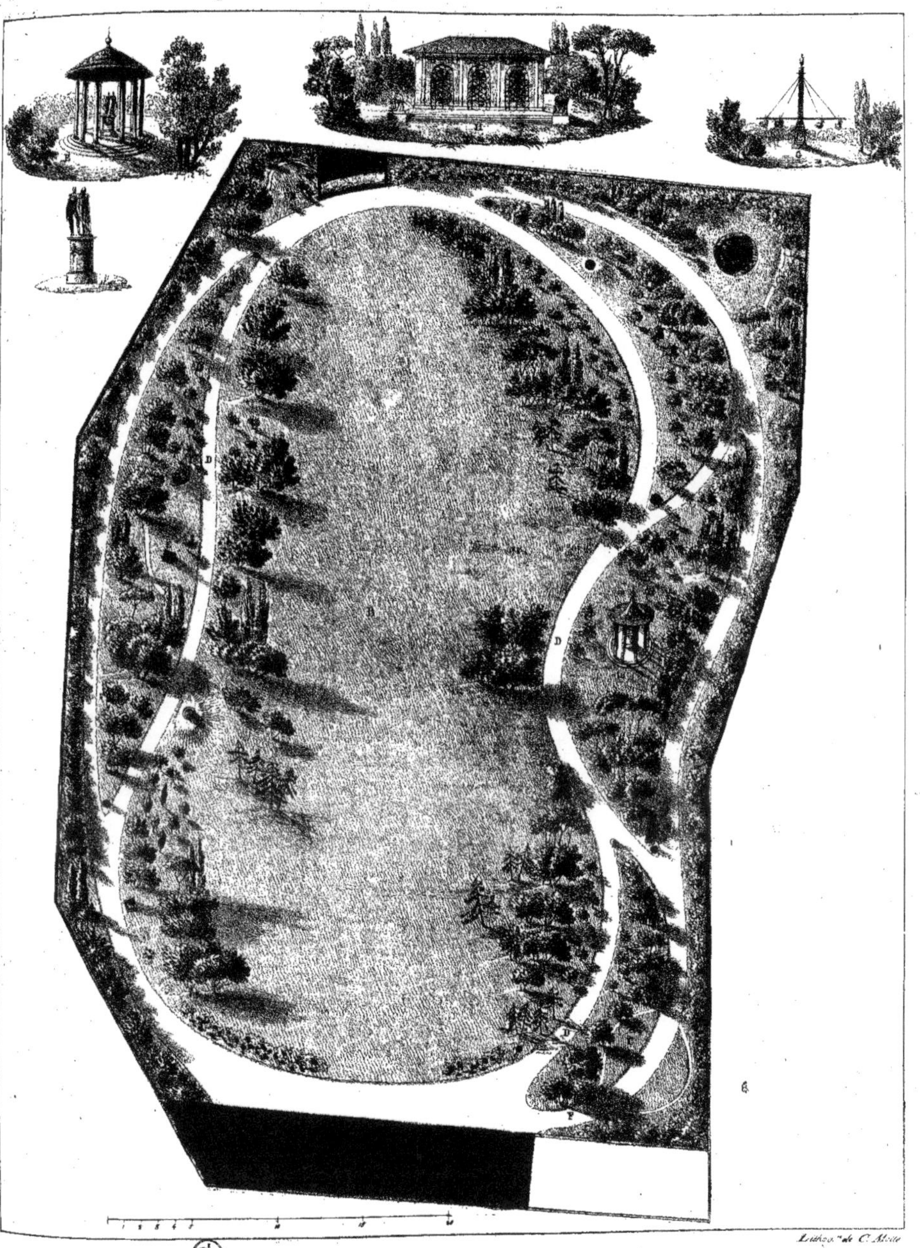

N° 27   Jardin d'agrément

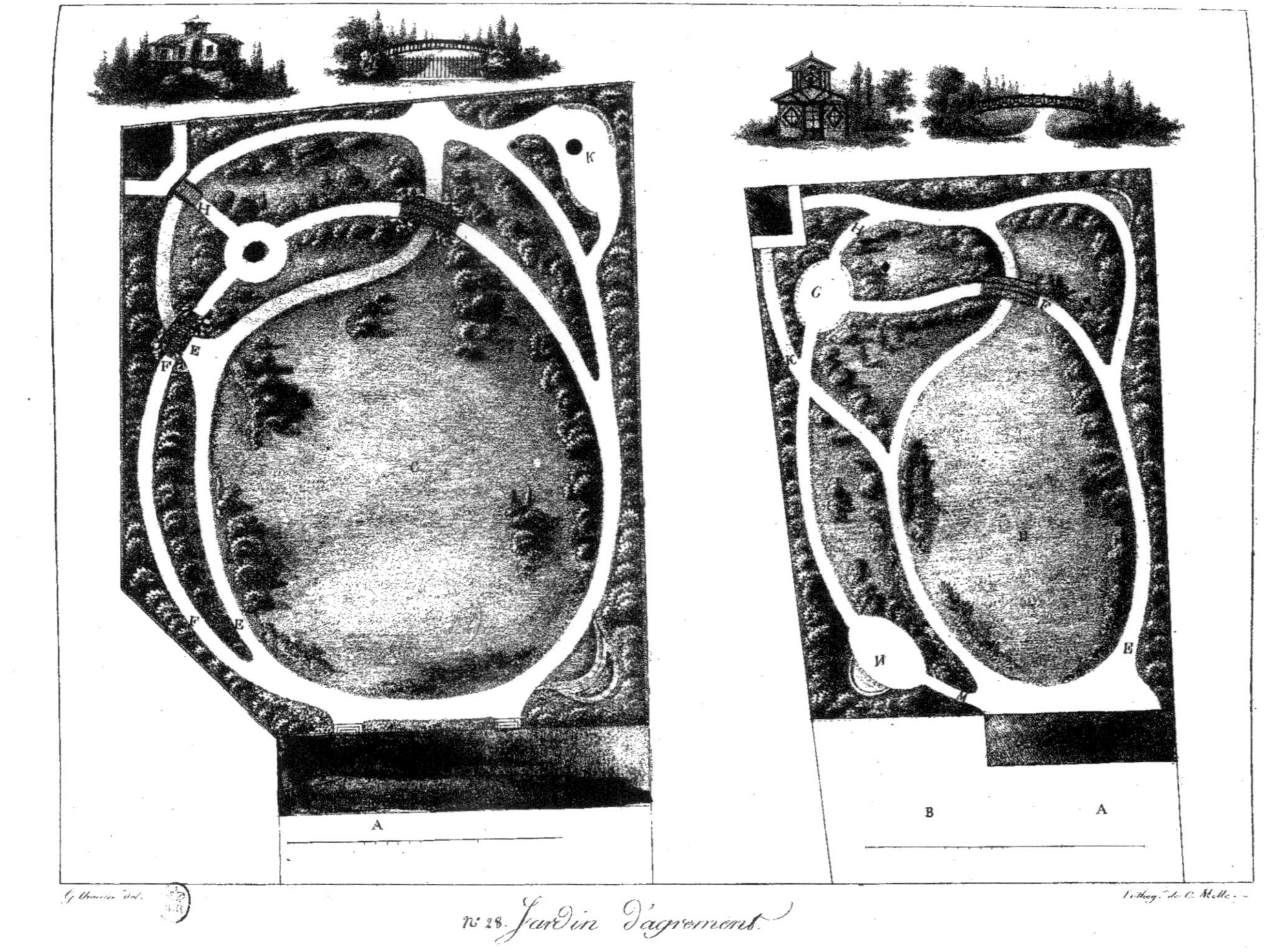

N° 28. Jardin D'agrément.

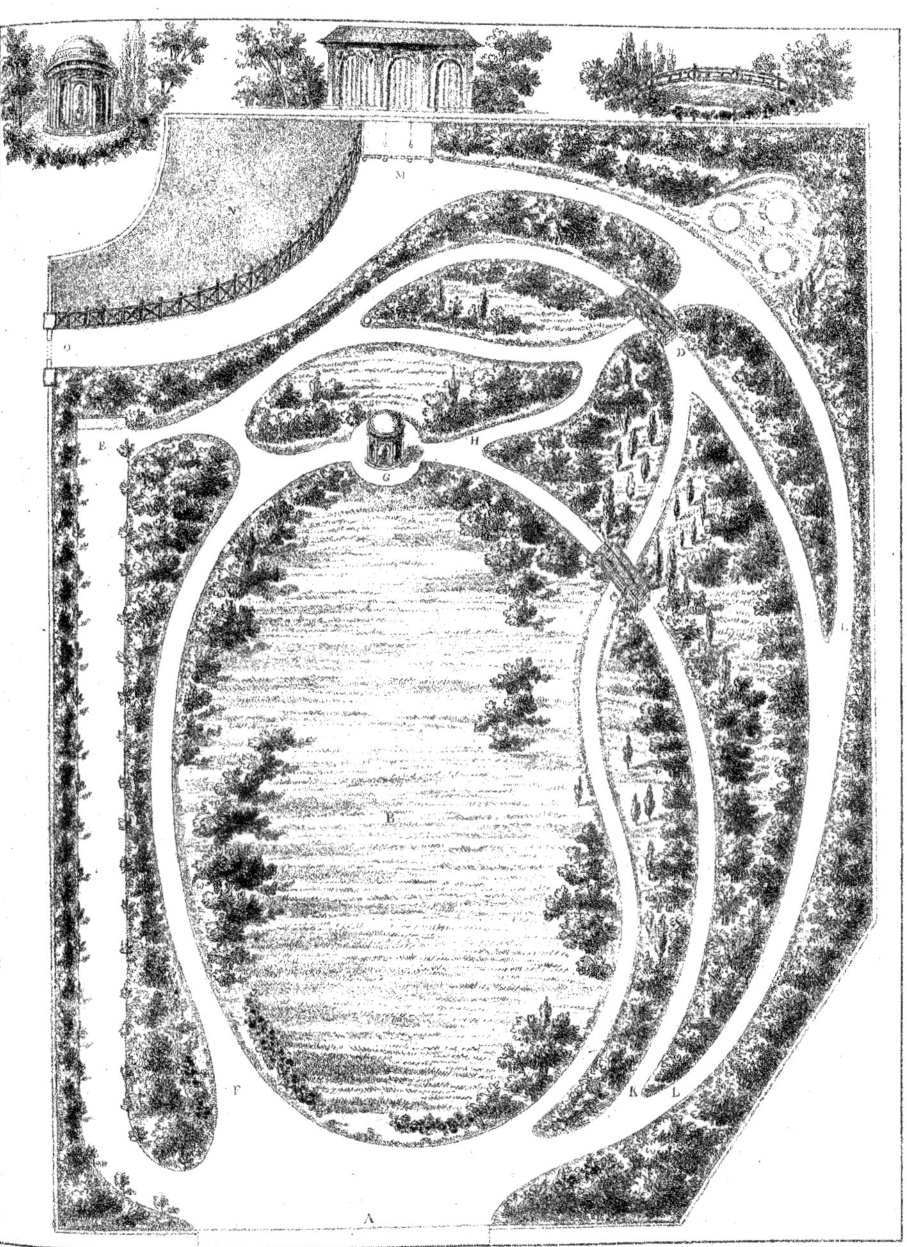

Nº 29. Jardin d'agrément

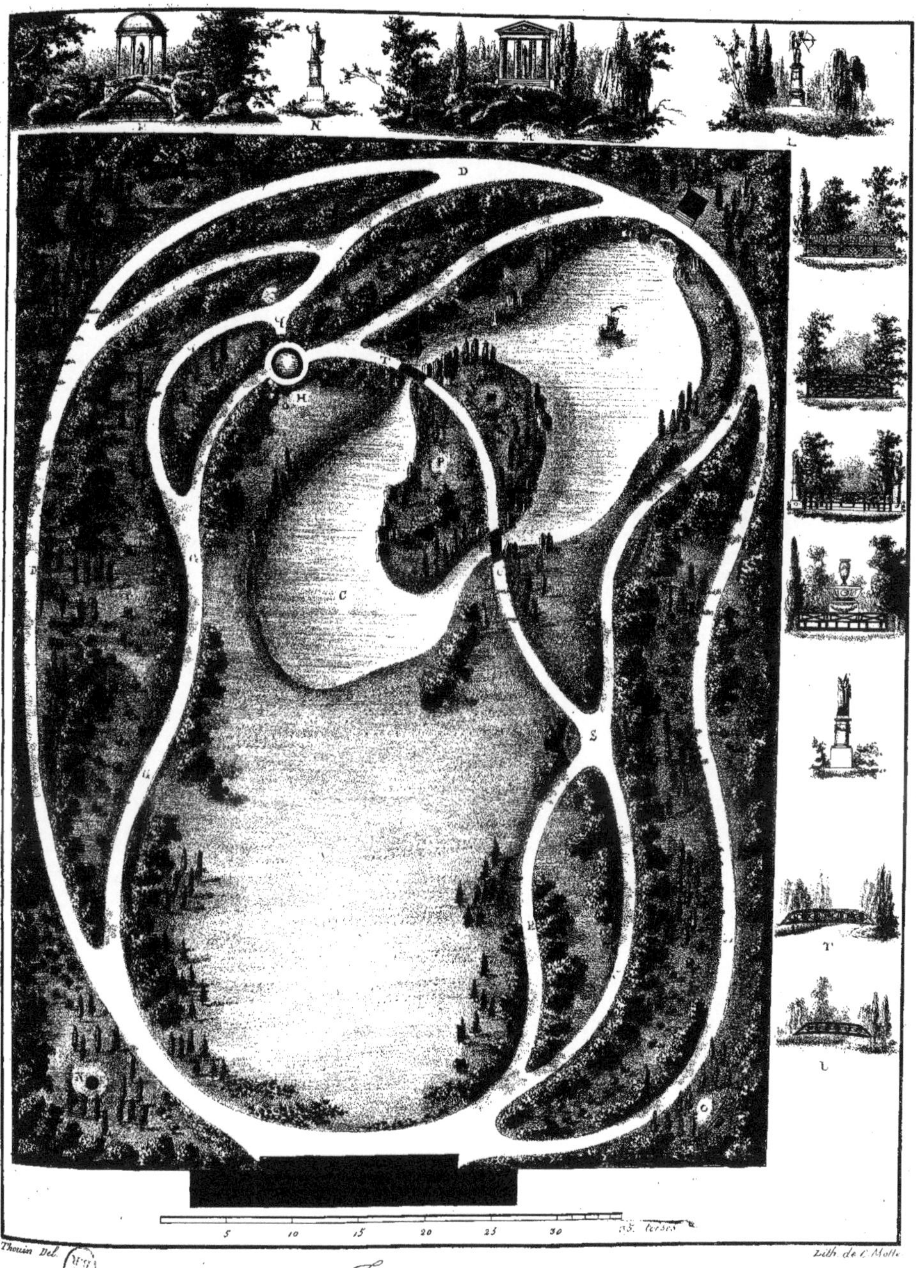

N.º 30. *Jardin champêtre.*

Thouin Del.   Lith. de C. Motte.

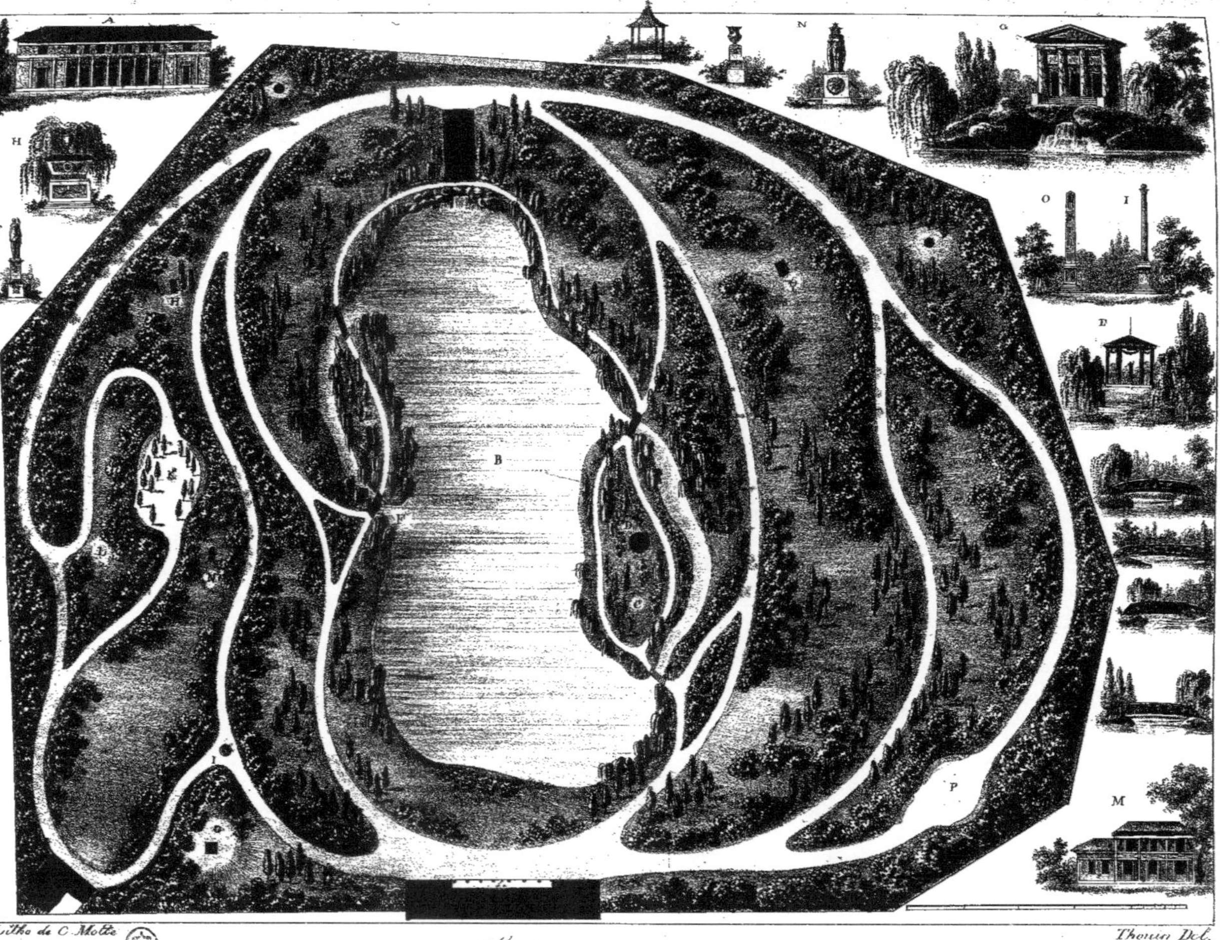

N° 34. Jardin D'agrement.

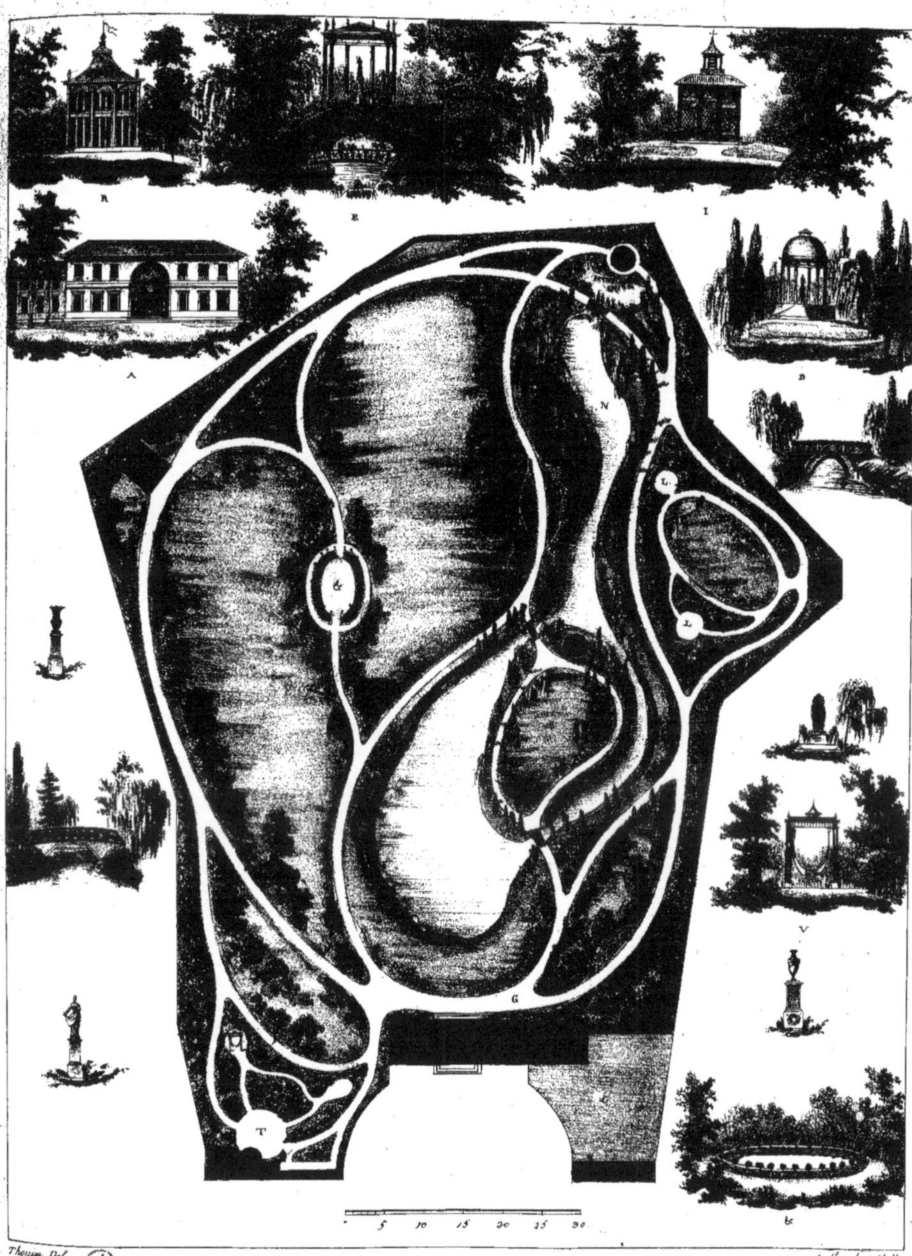

N.º 22. Jardin d'agrement.

Chouin, del.

Lithog. de C. Motte.

n.º 33. Jardin d'agrement

N°34. Jardin fantastique

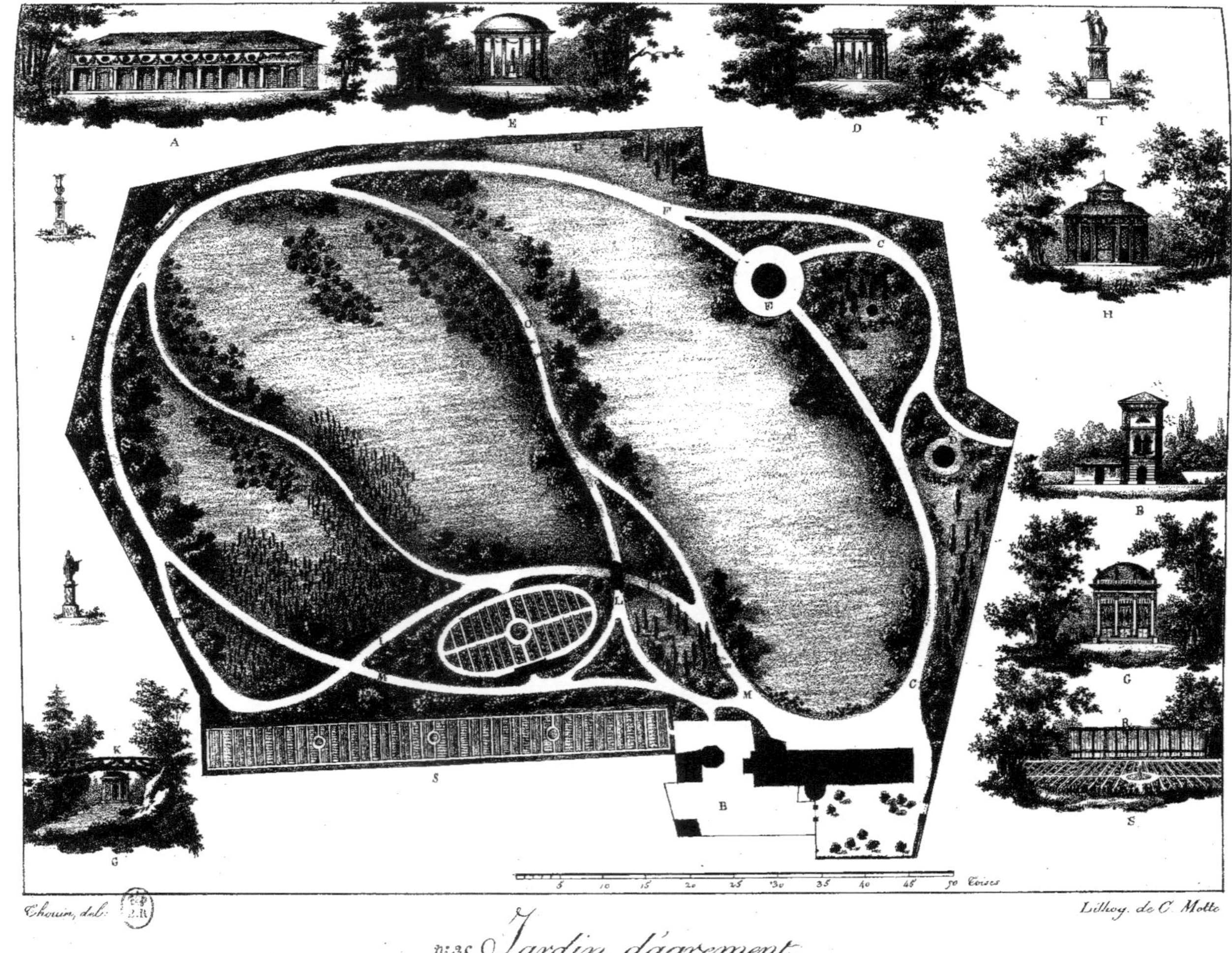

N°35. Jardin d'agrement.

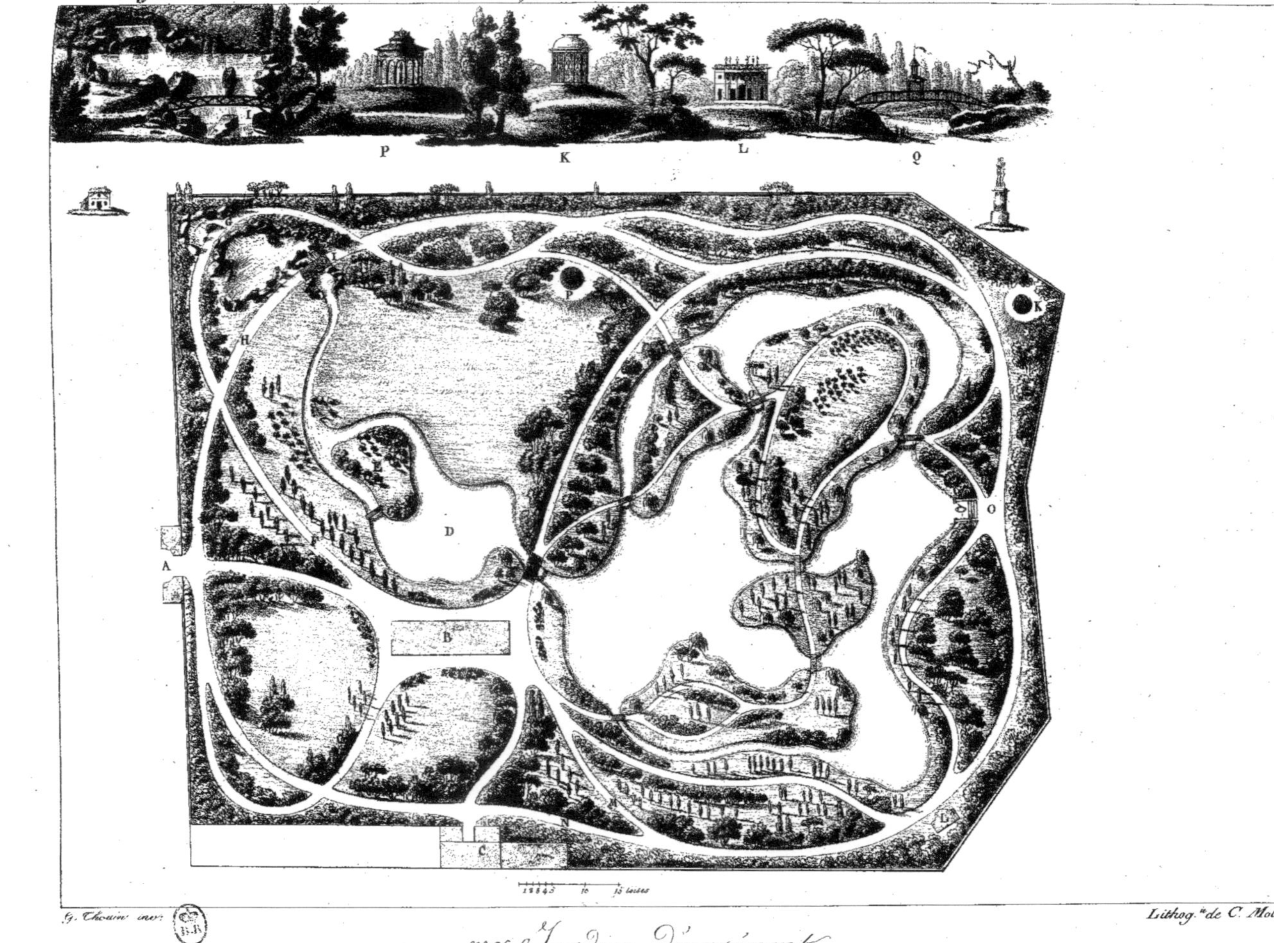

nº 36. Jardin D'agrément.

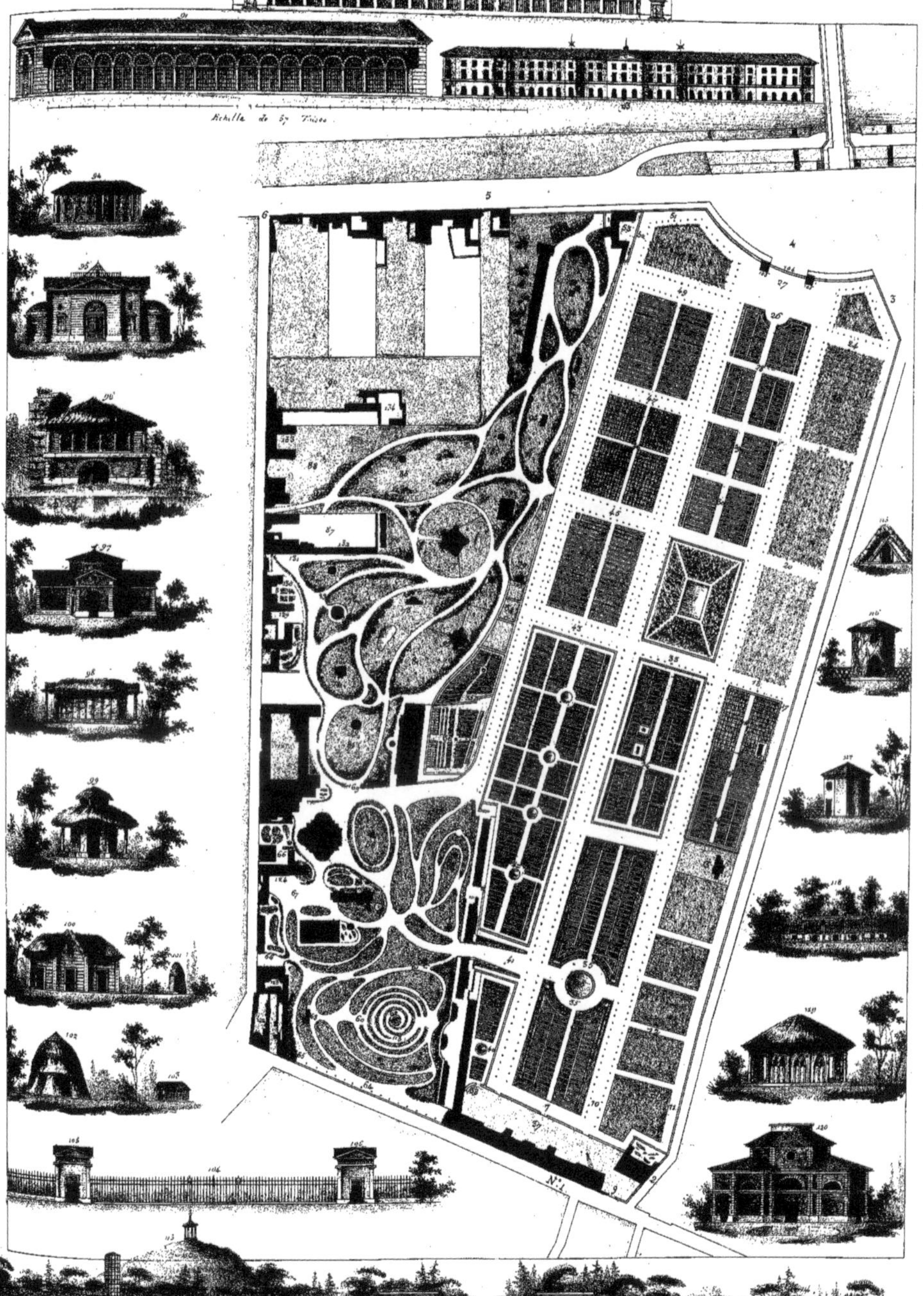

Echelle de 5. Toises.
N.º 27 Jardin du Roi

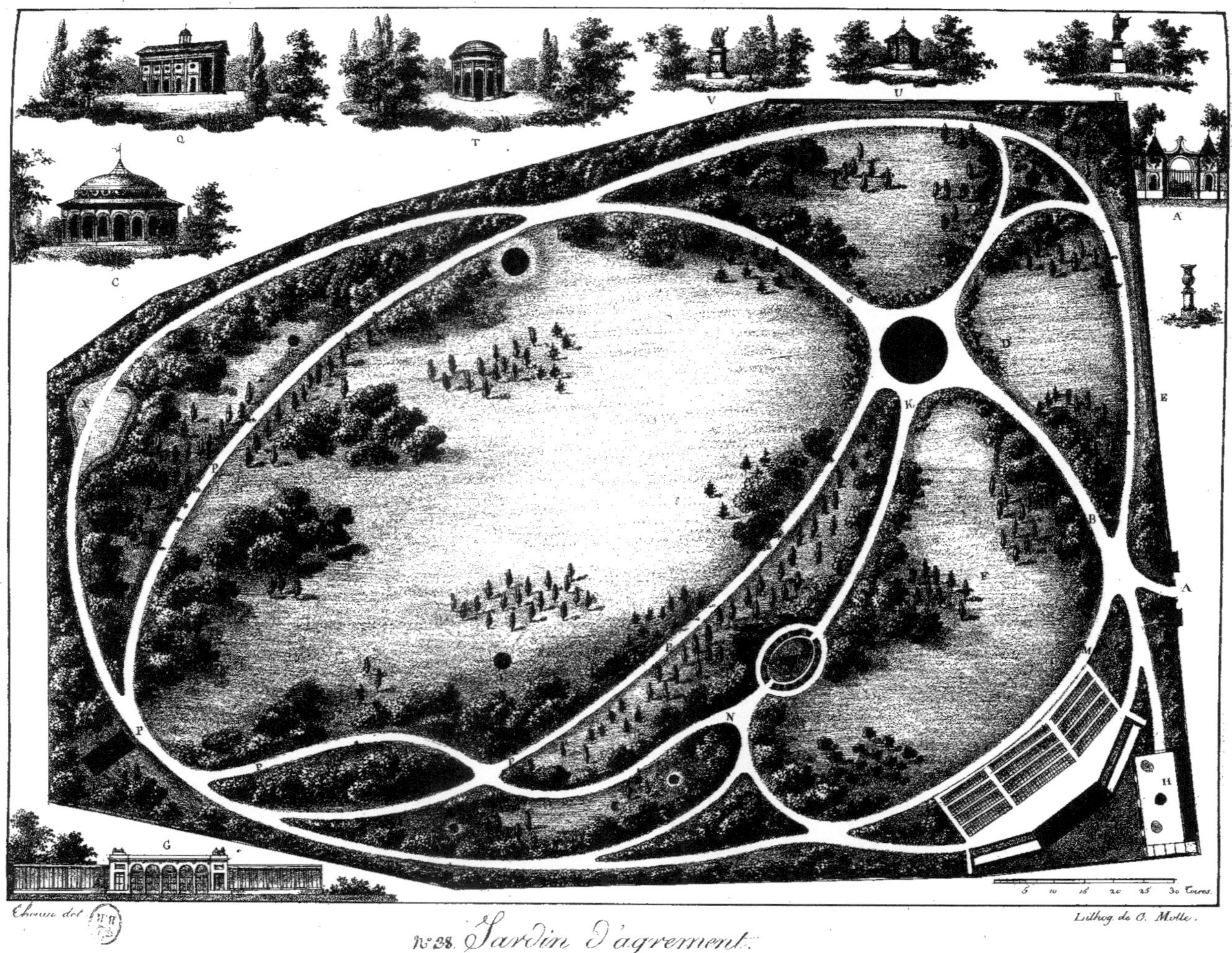

Nº 28. Jardin D'agrement.

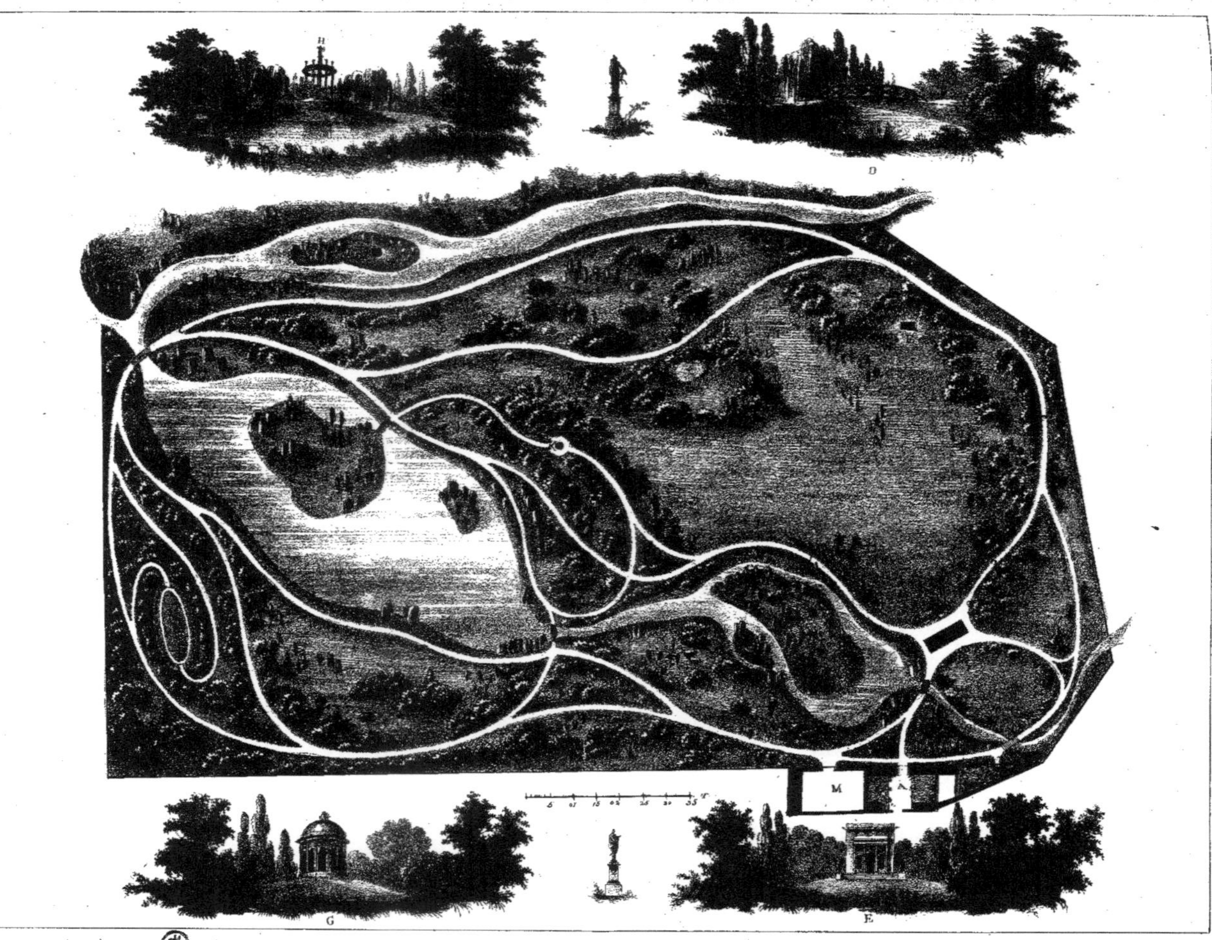

Thouin inv.

Lithog.° de Langlumé

N° 39. Jardin d'agrément

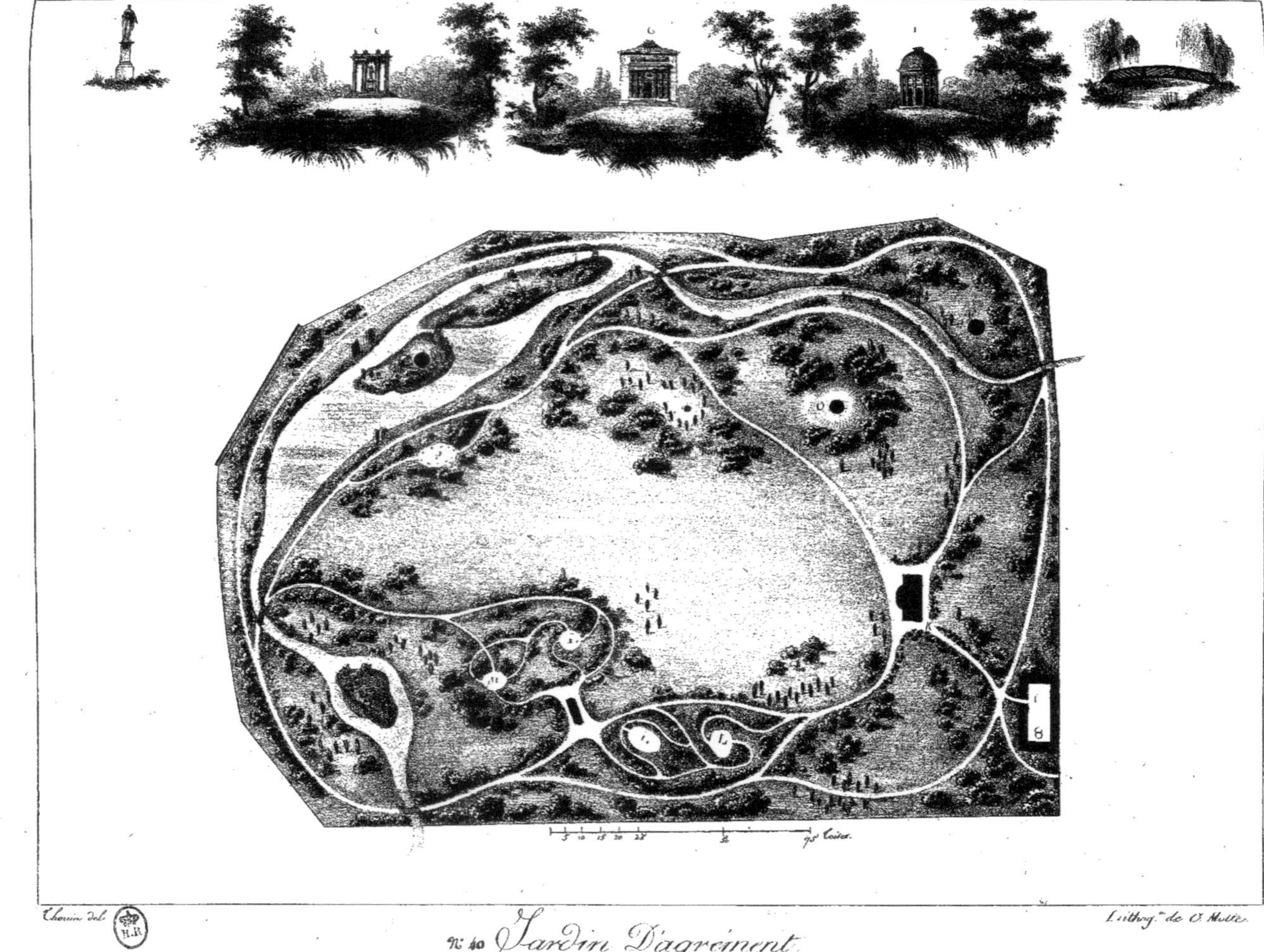

Cheuin del.
H.R
Lithog.ᵉ de O Motte
N.ᵒ 40 Jardin D'agrément.

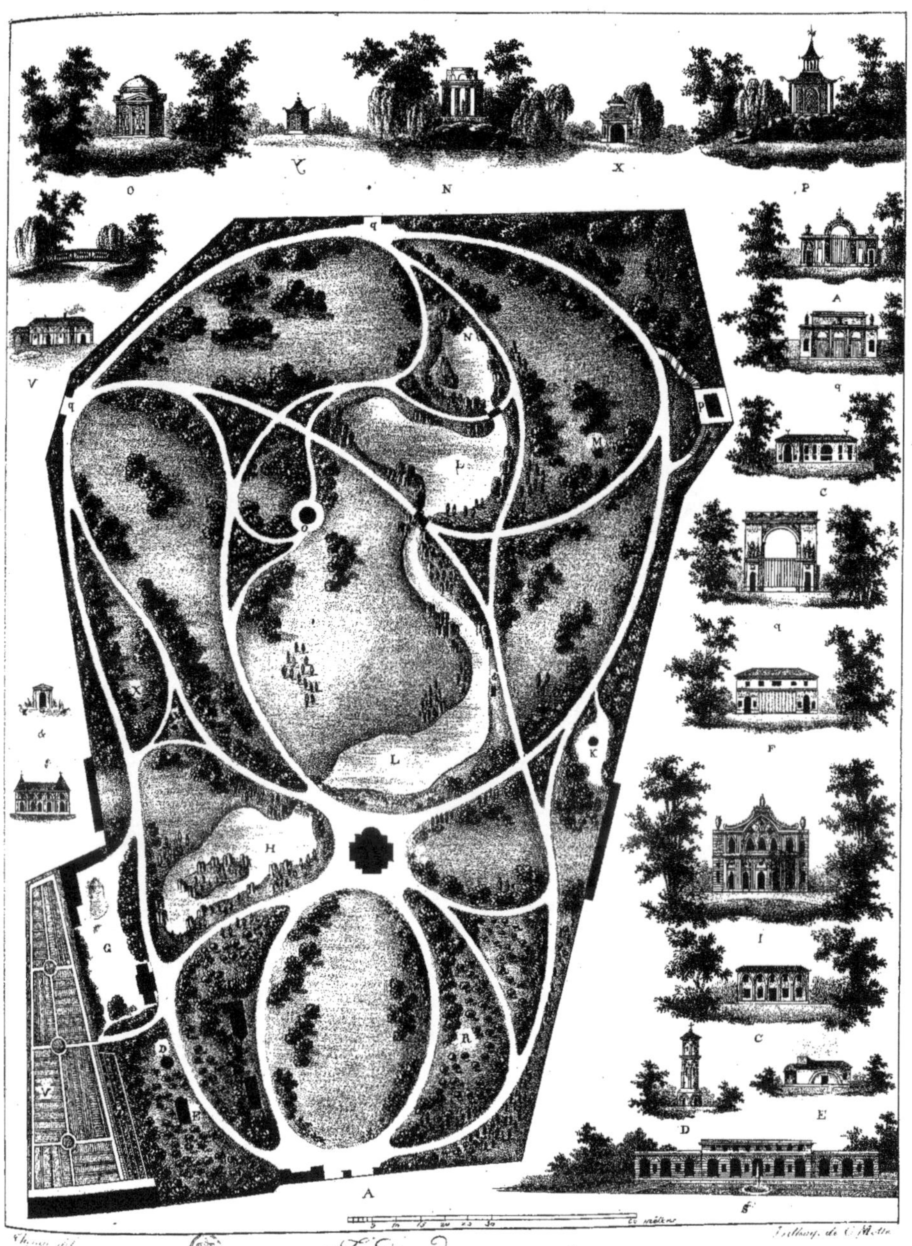

Nº 41. Jardin d'agrement.

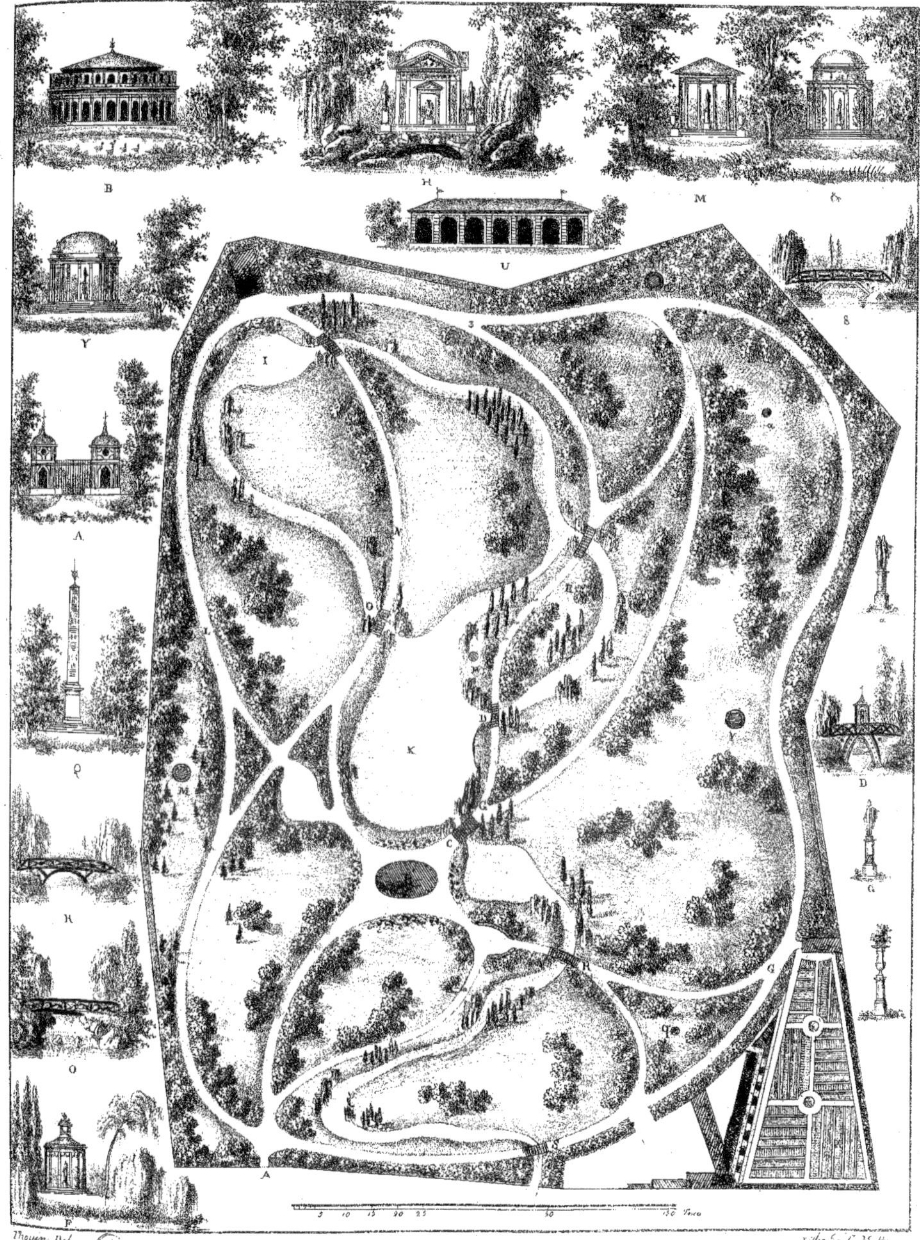

Nᵒ 42. Jardin fantastique

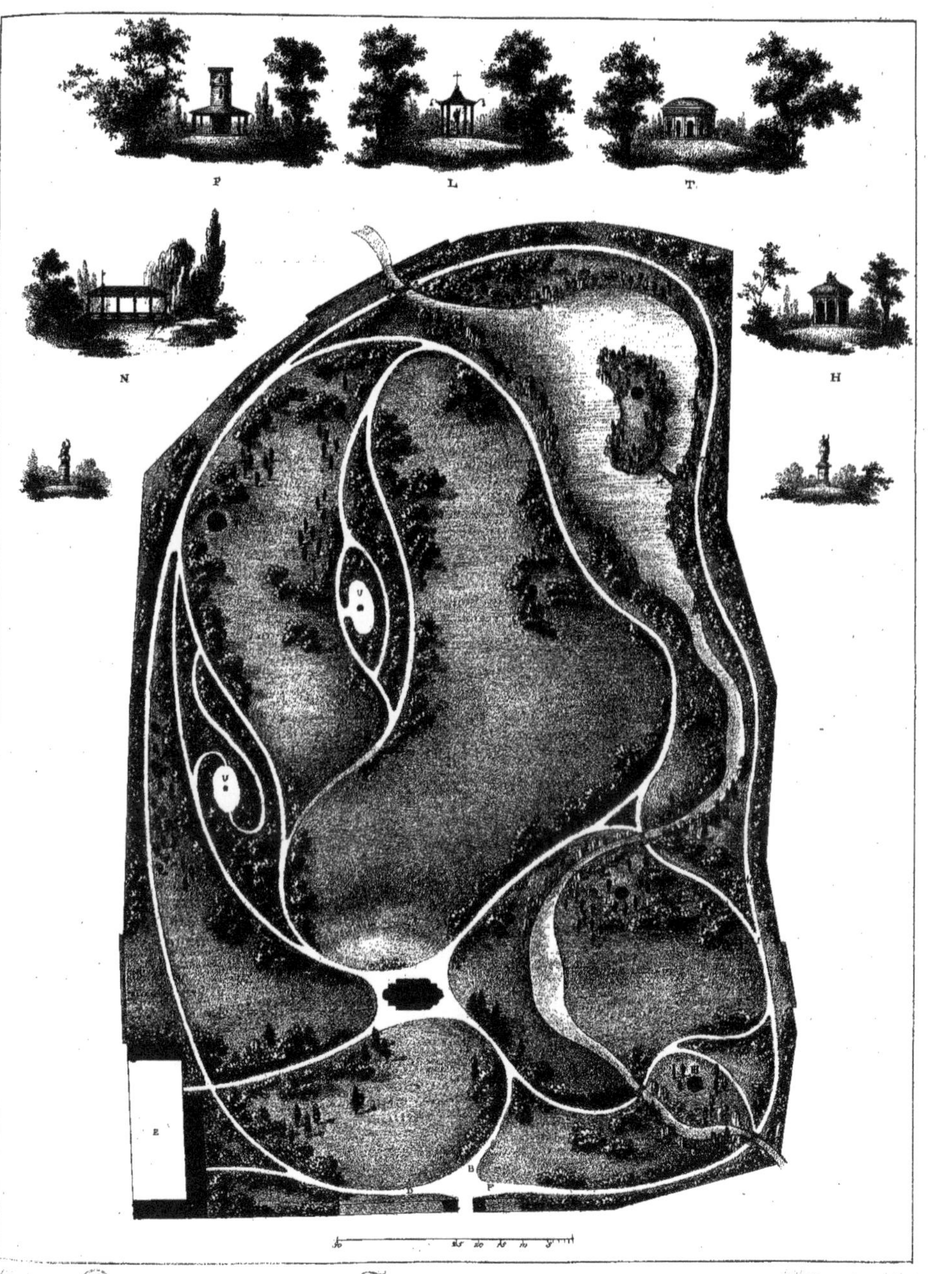

N.º 43. *Jardin d'agrement.*

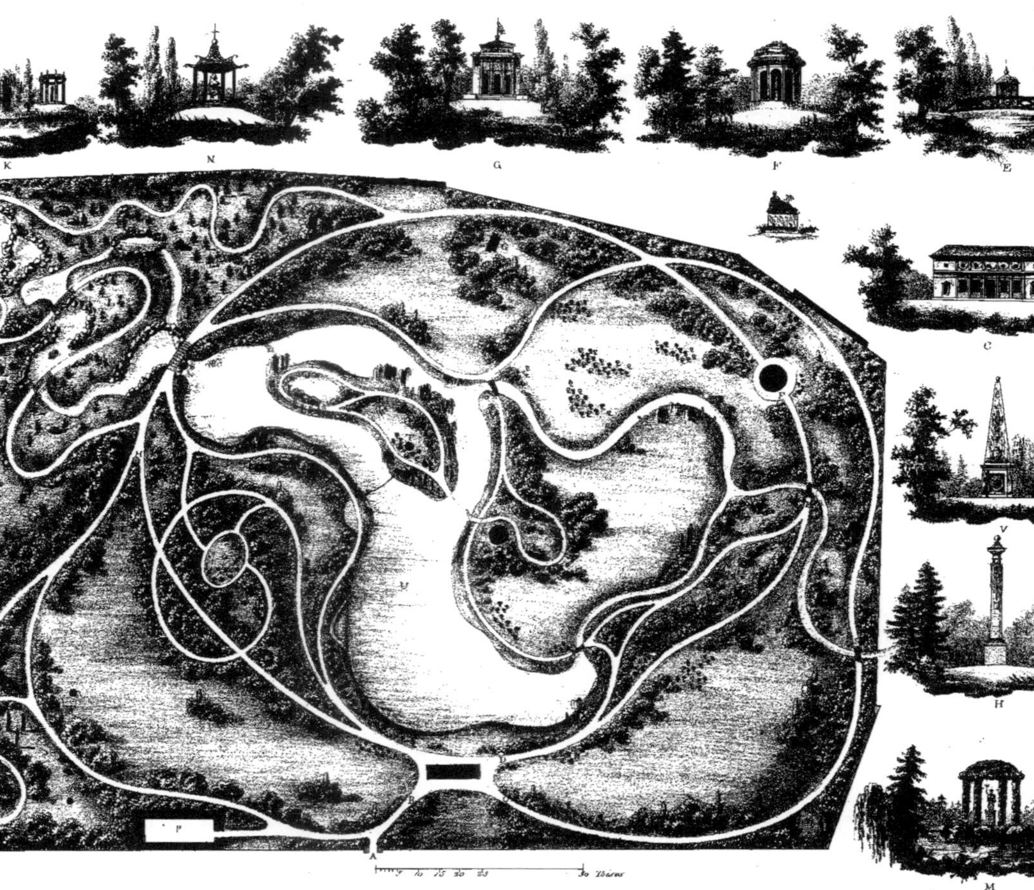

N.º 44. Jardin d'agrément.

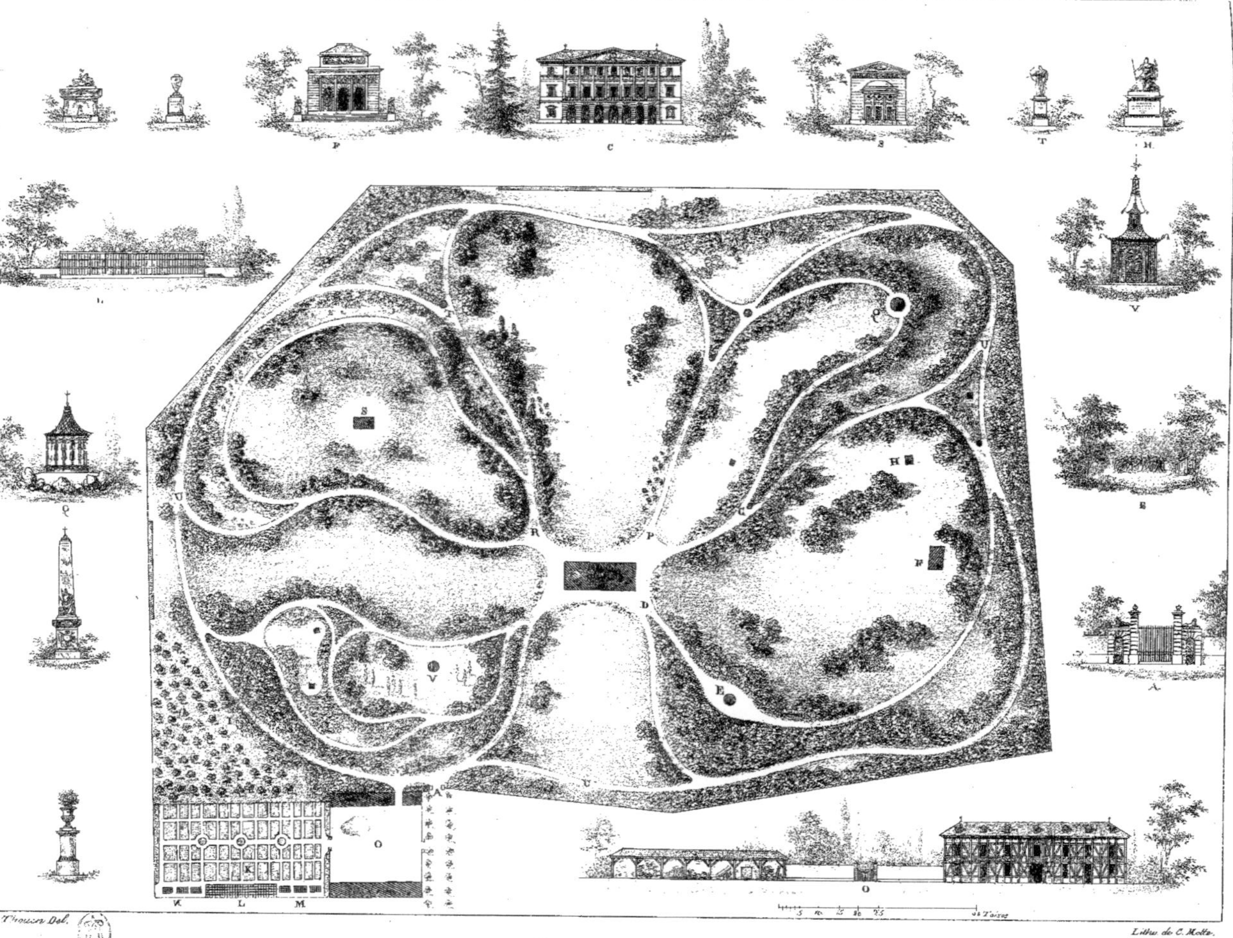

N.° 46. Jardin d'agrément.

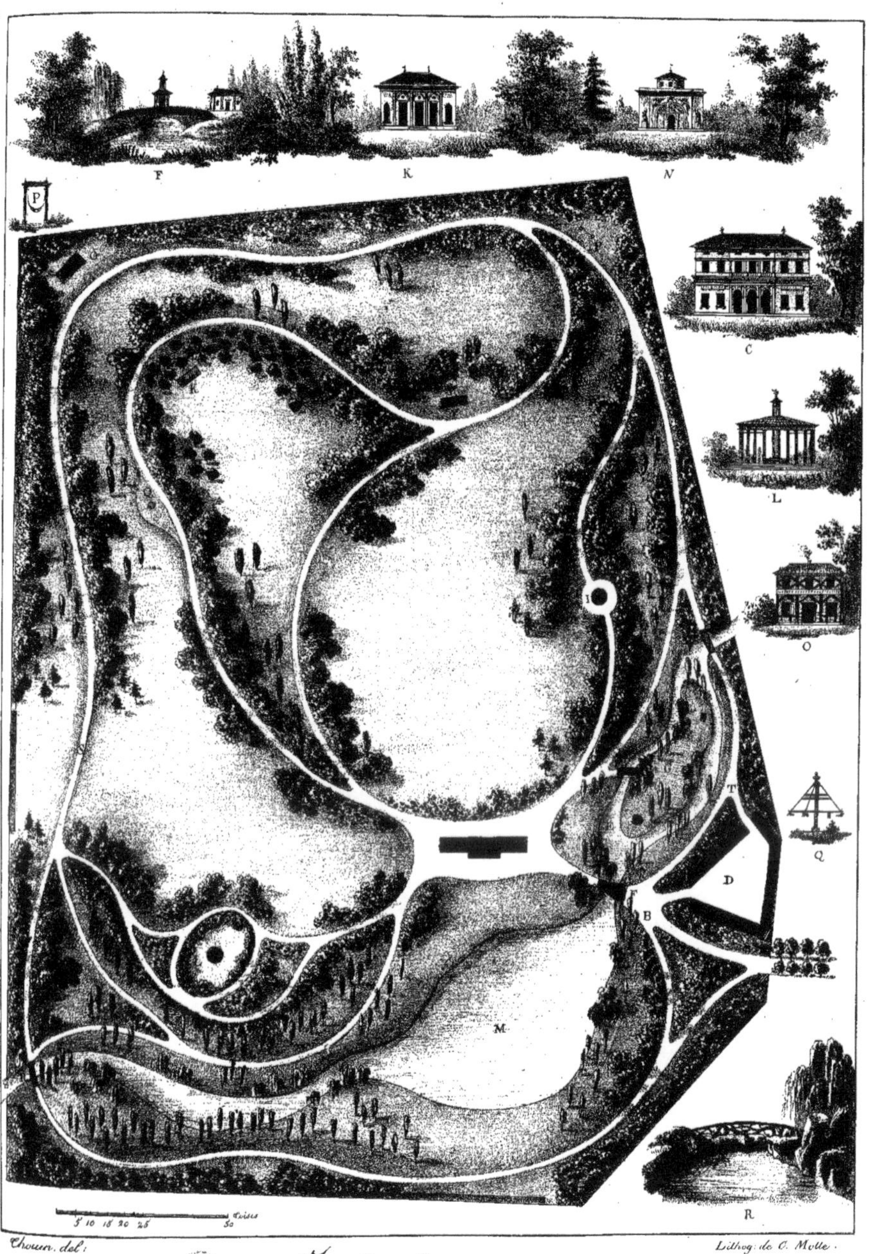

Choun. del.

Lithog. de C. Motte.

N° 46. Jardin d'agrément.

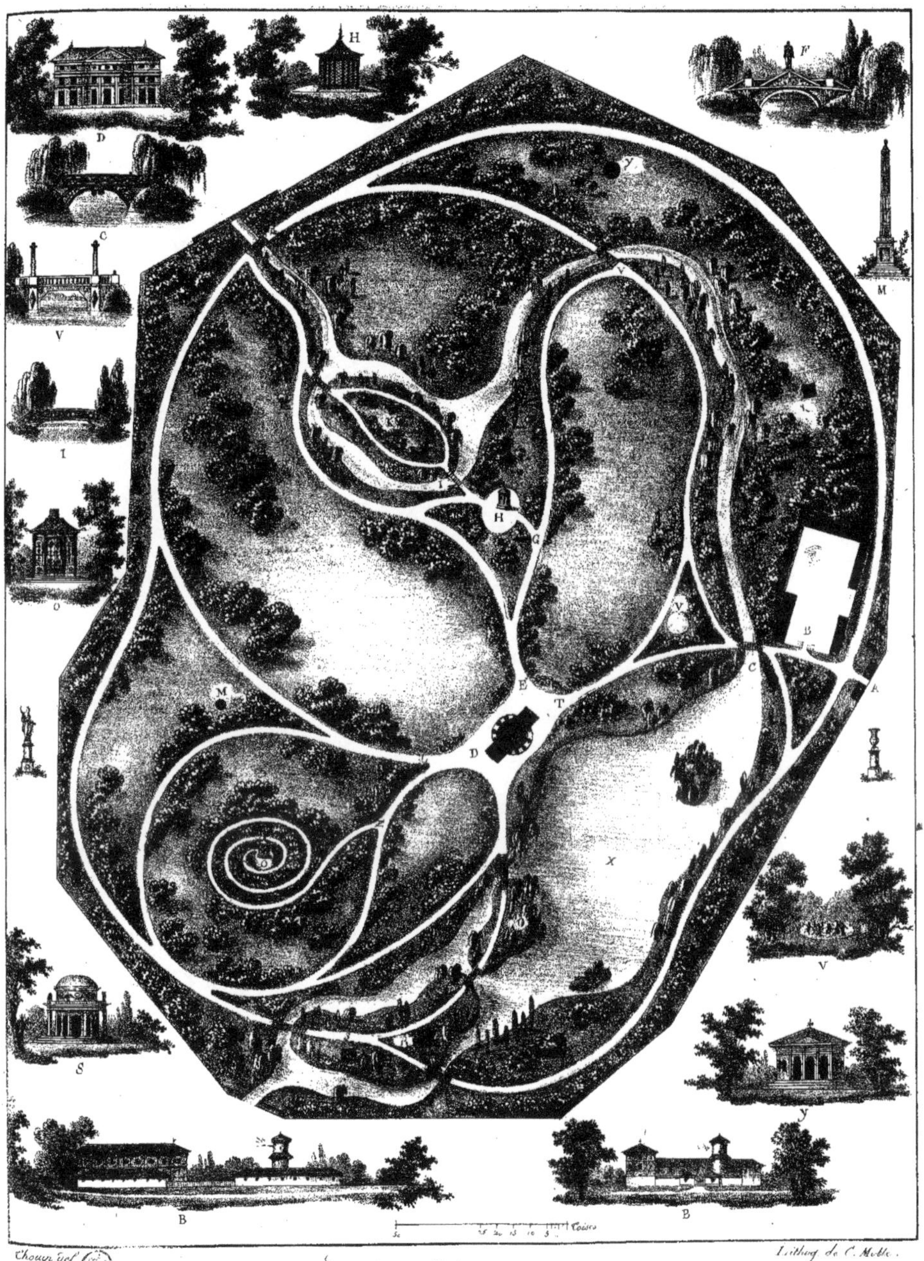

Nº 47. Jardin d'agrement

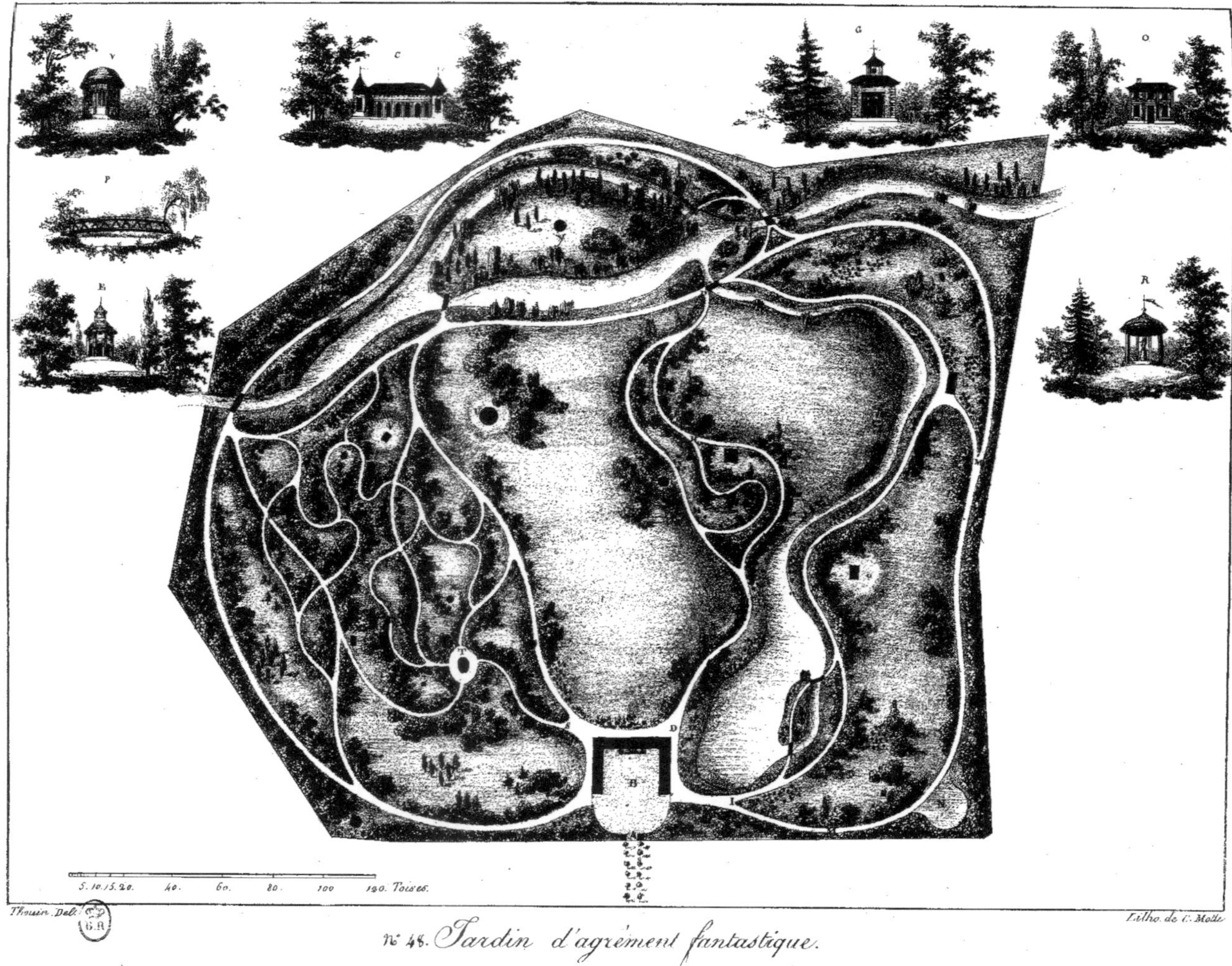

N.° 45. Jardin d'agrément fantastique.

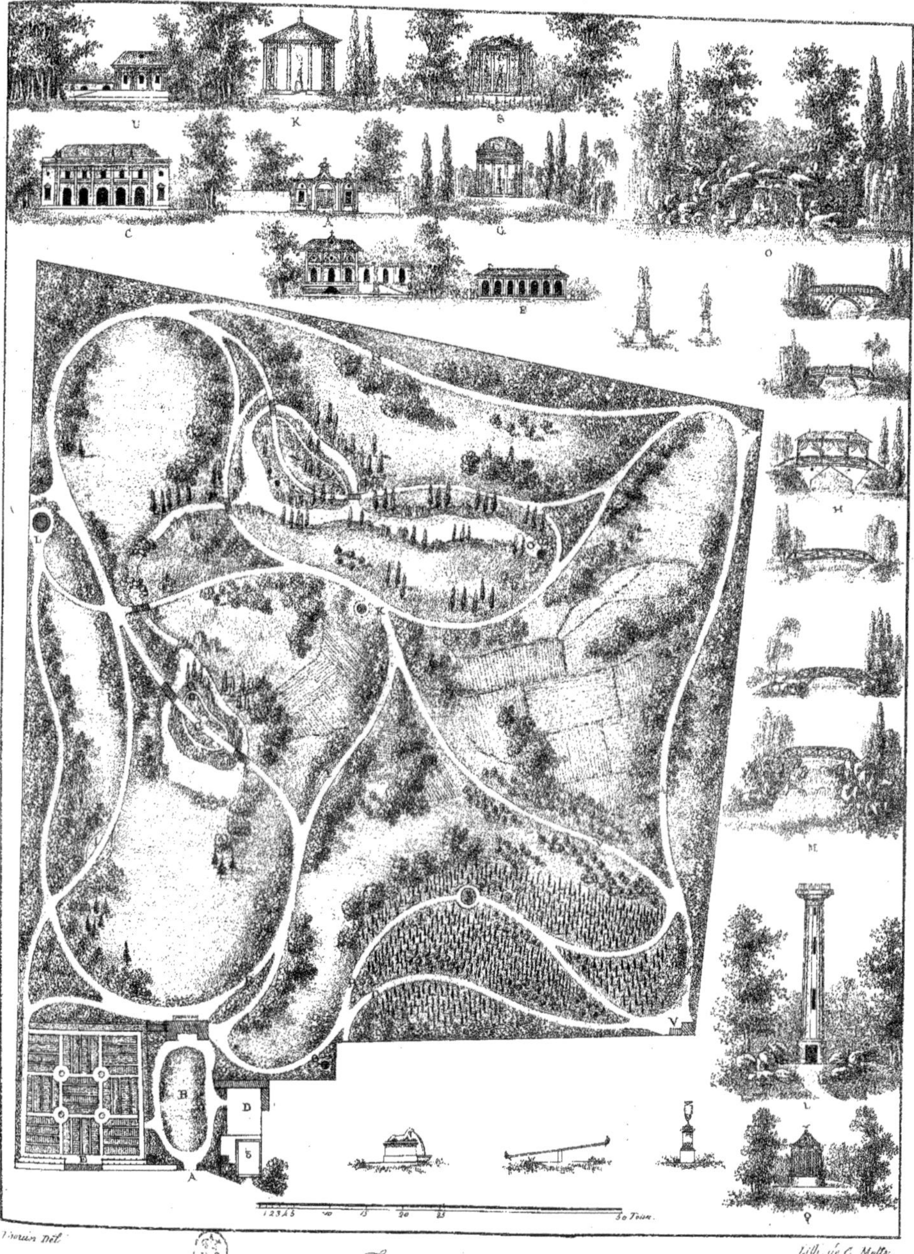

N.º 49 Jardin champêtre

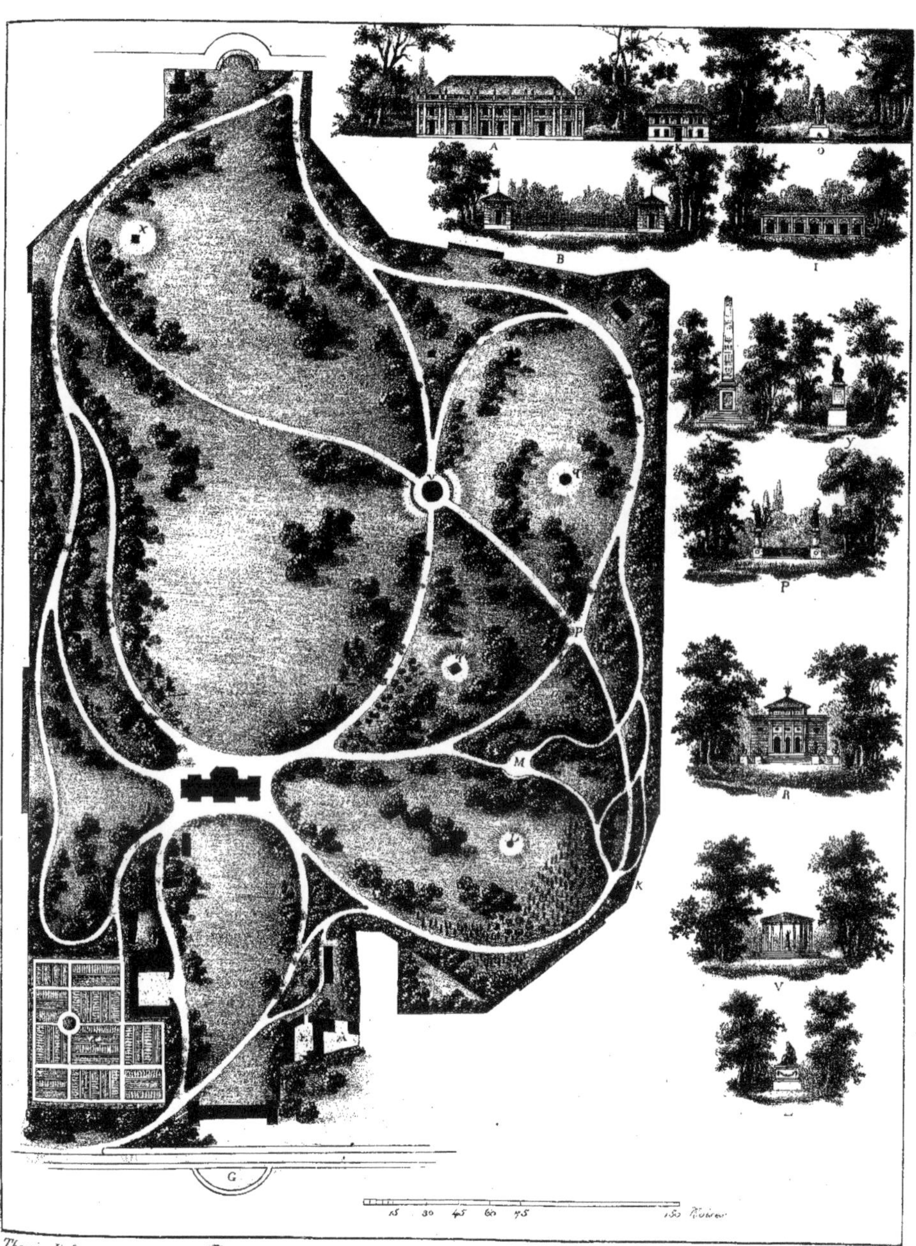

Thouin Del.

Lithog. de C. Motte

N.º 50. Jardin d'agrément.

N.º 51. Projet d'une ferme expérimentale de la Zone Torride.

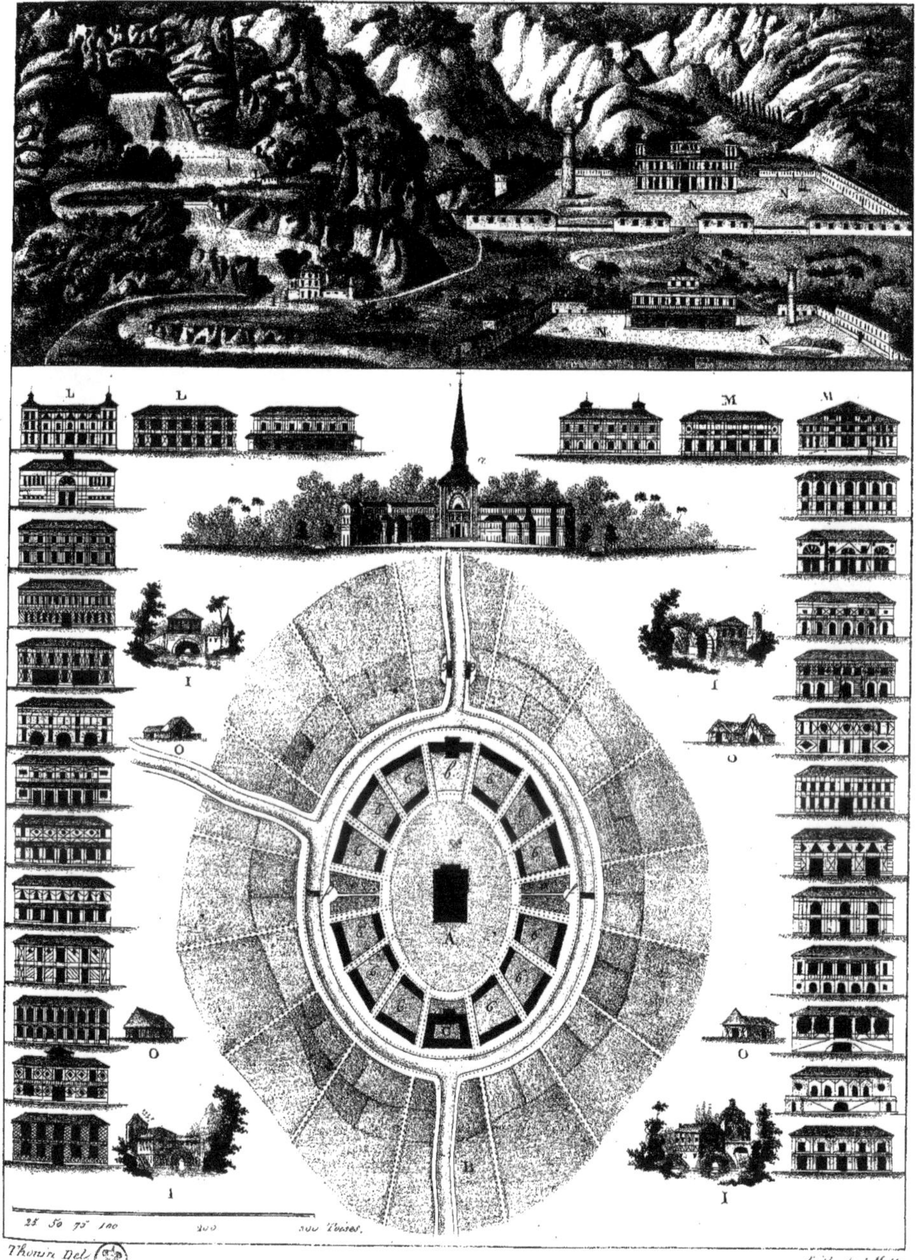

N.º 52. Île et Bâtimens de la Ferme expérimentale.

N.º 53. *Fabriques pour l'ornement des jardins.*

N.º 54. Fabriques pour l'ornement des jardins.

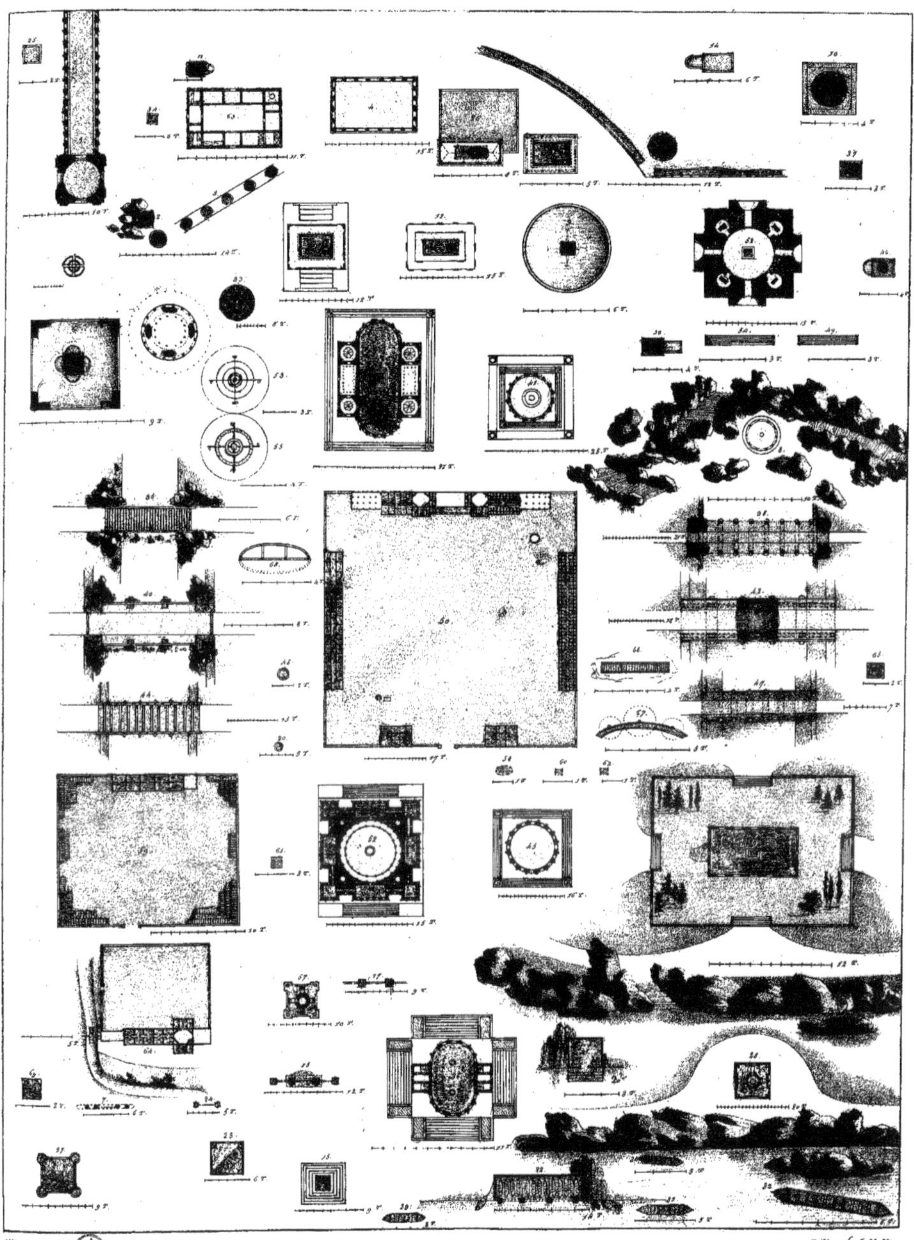

n.º 55. Plans des Fabriques pour l'ornement des Jardins.

N.º 56 Fabriques pour l'ornement des Jardins.

www.ingramcontent.com/pod-product-compliance
Ingram Content Group UK Ltd.
Pitfield, Milton Keynes, MK11 3LW, UK
UKHW021526090726
13657UKWH00001B/437